D1717364

想象另一种可能

理
想
国
imaginist

史景迁作品

郑培凯　鄢秀　主编

康熙

重构一位中国皇帝的内心世界

Emperor of China: Self-portrait of K'ang-hsi

[美] 史景迁 著　　温洽溢 译

Jonathan D. Spence

广西师范大学出版社
· 桂林 ·

著作权合同登记图字：20-2009-276

图书在版编目(CIP)数据

康熙：重构一位中国皇帝的内心世界 /（美）史景迁著；
温洽溢译 . —桂林：广西师范大学出版社，2011.1（2022.1 重印）
（史景迁作品）
ISBN 978-7-5633-9896-6

Ⅰ.①康... Ⅱ.①史...②温... Ⅲ.①康熙帝（1654～1722）
–传记 Ⅳ.① K827=49

中国版本图书馆 CIP 数据核字 (2010) 第 173259 号

广西师范大学出版社出版发行

广西桂林市五里店路 9 号　邮政编码：541004
网址：www.bbtpress.com

出 版 人：黄轩庄
出 品 人：刘瑞琳
责任编辑：郝志坚　吴晓斌
校　　对：汤晓沙　刘安捷　王颖
书名题签：黄华侨
装帧设计：陆智昌
内文制作：李红梅
全国新华书店经销
发行热线：010-64284815
山东韵杰文化科技有限公司
山东省淄博市桓台县　邮政编码：256401

开本：787mm×1092mm　1/32
印张：6.625　字数：141千字
2011年1月第1版　2022年1月第13次印刷
定价：56.00元

如发现印装质量问题，影响阅读，请与出版社发行部门联系调换。

妙笔生花史景迁

郑培凯　鄢　秀

一

　　近半个世纪以来，西方列强对中国虽已停止了侵略殖民，但西方一般民众对中国的认识，仍然带有殖民心态与说不清道不明的迷思，三分猎奇、三分轻蔑、三分怜悯，还有一分"非我族类"的敌意。想到中国的山河广袤、人口众多、历史悠久，心目中浮现的图景就似真似幻，好像乘坐荒野打猎的越野吉普，手持望远镜，驰骋过山林丛莽，观看熊罴虎豹、狮子大象、猿猴猩猩、斑马羚羊，倏忽群兽遍野，狼奔豕突，倏忽蒿草无垠，万籁俱寂。中国像万花筒，什么都有，什么花样组合都变得出来；中国历史像变魔术，可以把一切想象变成真实，又可以把一切真实变成幻象；中国文化传统玄之又玄，阴阳变化，万象归一，天下万物生于有，有生于无，变是不变，不变是变。不要说听的人越听越糊涂，讲的人也是越讲越糊涂，于是，中国也就"假作真时真亦假"，神龙见首不见尾了。

　　其实，在欧美真想了解中国历史文化，也有不少西文学术书可供阅读，从孔子到毛泽东，都有所论述，而且大体上都提供了史实正确的知识。读者对中国近代有兴趣，也可以从各类学术专著与教材，知道些翻云覆雨的历史大人物，得知鸦片战争肇启列强对中国领土资源的觊觎与蚕食，得知中国从几千年的帝制转为民国政体，得知军阀混战与日本侵略，得知国共内战与共产党的胜利。耐下心来读点思想史与社会经济史，还能知道耶稣会传教给中国带来一些科学新知、早期中西文化接触给西方启蒙运动提供滋养、清代思想统治影响学术变化、明清以来人口流动与增长的情况、美洲白银与农作物传入改变了中国经济结构。甚至会发现，原来有这么许多学术专著讨论中国近代历史事件与特定人物，探讨传统社会生产与伦理关系的解体，研究政体改变与城乡结构的变化，以及西潮如何冲击文化传统、思维逻辑与教育制度，等等。但是，对一般读者而言，学术专著太深奥，教科书又太枯燥，陌生的人名、地名、事端、争论，令人越看越纷乱，满脑都是浆糊。实在不懂为什么中华帝国会反对通商、反对自由贸易、反对门户开放，不懂为什么一向讲究礼义和平的老百姓会突然变成革命群众，不懂中国人民到底在想什么。好像愈知道许多人物与事件，却愈加糊涂，有如雾里看花。

这几十年来欧美出了一位研究中国史的奇才史景迁（Jonathan Spence），他最大的贡献就是以优美流畅的文笔，把中国近代错综复杂的人物与史事，通过严谨的历史考证，参照专家的钻研成果，以"说故事"的传统历史方法，娓娓道来，让西方读者"拨开云雾见青天"，对中国的历史经历有了"感觉"。

二

"史景迁"这个华文名字，是他在耶鲁大学研读历史学博士学位期间，一位中国史学前辈房兆楹给他取的，寓意明显，期望也高，学历史就要景仰司马迁，以司马迁为楷模。司马迁的《史记》，材料丰富，考辨严谨，叙事清楚，条理分明，文笔生动，"究天人之际，通古今之变，成一家之言"。史景迁是现代史家，不像司马迁出身"史卜巫祝"传统，有着"究天人之际"的使命，但是，他研究晚明以迄当代的中国历史，叙事的方法与文体却循着《史记》的精神，的确当得起"通古今之变，成一家之言"的赞誉。从他第一部《曹寅与康熙》（*Ts'ao Yin and the K'ang-hsi Emperor: Bondservant and Master*）开始，他就结合档案史料与研究曹雪芹先世的各类文史资料，写了康熙皇帝的治术，同时也勾勒了清朝天子的内心世界。这种对原始资料的扎实研究基础，让他在第三部著作《康熙》（*Emperor of China: Self-Portrait of K'ang-hsi*）中，得以化身康熙，以第一人称的叙事方法，发挥历史想象，充分展现康熙大帝的喜怒哀乐，让西方读者看到一个有血有肉的中国皇帝。书写康熙，把一切客观历史材料转为自传文体，必须从天子的角度看天下，涉及各种各样的天下大小事，以宏观的视野，高屋建瓴，为大清帝国的长治久安着想。如此，表面是书写假托的康熙自传，实际上却必须考虑中华帝国的方方面面，从统治天下的全相角度呈现中华帝国的全貌。

史景迁第二部书《改变中国》（*To Change China: Western*

Advisers in China,1620-1960），探讨近代西方人士如何参与及推动中国的历史变化，从早期的传教士汤若望、南怀仁，清末的戈登、赫德、丁韪良、傅兰雅，一直写到民国时期的鲍罗廷、白求恩、陈纳德、史迪威，开启了他对中西文化接触与交流的研究兴趣，撰写了后来一系列相关著作。他的兴趣，从西方人在华活动扩展到中西文化接触所引发的思维刺激与调适，探讨不同文化碰撞时相互理解与误解的困境。具体的人物在特定的历史环境中，都有独特的引人入胜的故事发生，不但是西方人在明末的中华帝国会有各种奇特遭遇，中国人在 18 世纪初欧洲的异国遭遇更令人难以想象。史景迁就像福尔摩斯一样，利用他掌握多种欧洲语言的优势，进入中外历史材料的迷宫之中，追索隐藏在历史帷幕后面的蛛丝马迹，想象中外历史文化接触的夹缝中，远赴异乡的人物是如何生活的，而其遭遇又如何存留成历史的记忆。他混合运用中外史料，披沙拣金，追索明末利玛窦远渡重洋，由西徂东，来华传教的经历，也写了广东天主教教徒胡若望流落法国的一桩公案，更整合了蒙古西征之后，西方对中国的想象与描绘。

《利玛窦的记忆宫殿》（*The Memory Palace of Matteo Ricci*），上溯到明末耶稣会士来华传教，如何适应中国的文化环境，如何利用欧洲流行的记忆术作为敲门砖，打入热衷科举考试、重视背诵诗书的士大夫群体。《胡若望的疑问》（*The Question of Hu*），写一个中国天主教教徒胡若望因傅圣泽神甫（Jean-François Foucquet）的提携，远赴法国，却因举止乖张，流落异乡，甚至被关进疯人院里，三年后才得以返回广东家乡。史景迁利用了梵蒂冈的教廷档案、大英图书馆档案及巴黎的国家外事档案，拼成一则匪夷所思的雍正初年广东华人流落法兰西的故事。《大汗之国》（*The Chan's Great Continent: China in Western Minds*）则综观西方人如何想象中国的历史历程，从蒙元时期的鲁伯克修士、马可波罗，一直到当代的尼克松、基辛格，不但写来华西方人所记的中国经历，也写没来过中国的文人作家如何想象中国，影响了一般民众的中国印象。对于中国读者而言，这些仔细爬梳过欧西档案与文史群籍的历史资料，经过天孙巧手缝缀成一个个动听的故事，就像一面面精美的缂丝挂毯，不但引人入胜，也开拓了我们的眼界，了解不同文化的相遇、碰撞与互动，是多么的错综复杂，时常还惊心动魄，比小说虚构还要离奇。

《康熙》在 1974 年出版之后，引起出版界的轰动效应，深受读者欢迎，成为畅销书，甚至被白修德（Theodore H. White）誉为"经典之作：把学术提升到美的范畴"。西方史学界也开始注意史景迁书写历史的修辞策略，称赞他文体自成一格，剪裁史料别具慧心，从不大张旗鼓，宣扬新的理论架构，却在不经意处，以生动的故事叙述，展现了历史人物与事件所能带给我们的历史文化思考。他继之在 1978 年，写了第四部著作《王氏之死》（*The Death of Woman Wang*），以山东郯城的地方志、黄六鸿的《福惠全书》、蒲松龄的《聊斋志异》为史料基础，探讨清初小老百姓的生活环境与想象空间，从宏观的天下全相与中西文化观照，推移镜头至偏僻乡间农民与农妇的生活，把蒲松龄的文学想象穿插到梦境之中，以不同角度的现实与虚构特写，重组了 17 世纪山东农村的生存处境。这部书最引起史学界议论的，就是剪裁蒲松龄如梦如幻的优美文字，用以虚构妇人王氏临死之前的梦境。史景迁运用文学材料书写历史，当然不是要呈现实际发生的史实，不是妇人王氏的"信史"，却可以引发读者想象清朝初年的山东，在历史意识上触及当时历史环境的"可能情况"。

书写历史，最重要的是要依靠文献证据，假若文献未曾明确提供材料，可不可以运用书写想象去重新构筑历史场景？这就是现代历史书写最蹊跷暧昧的领域，也是后现代史学不断质疑与解构的关键。他们不但质疑史料经常不足，或是一批"断烂朝报"，缺失的比留存的材料可能要多，不足以反映历史实况，令人更加质疑所有历史材料的可靠性。像 Hayden White 这样的历史哲学论者，就在他的《元史学》（*Metahistory*）中提出，所有的史料，包括第一手材料与档案，都是具体的个人记录下来的，一牵涉具体的人，就有主观的思想感情倾向，就不可避免有"人"的历史局限，就不可能完全科学客观，做到巨细靡遗地记录牵扯到人与事的复杂情况，而不掺入运用修辞逻辑的历史想象。他甚至进而指出，历史写作与文学写作无大差别，都是运用文字，通过想象修辞的手段，与不同倾向的书写策略，虚构出一个文本。这种推衍到极端的主观书写论，有其立论的根据与辩难的目标，很难斥为无稽，但却故意扭曲了文学创作与历史求真求实的基本意图有所不同。值得在此提出的是，史景迁的著作不能归入"后现代"的主观虚构历史书写之中，因为他写每一本书，都恪遵传统史学的规律，尽量使用存世的史料，上穷碧落下黄泉，从中国史书方志档案到西方史志档案,几乎做到"无字无来历"。他在连接史料罅隙,推理可能历史情况时,也明白告诉读者,文献材料是什么,作者解读的历史"可能"是什么,从不混淆视听。

三

史景迁的史学著作,经常是雅俗共赏,兼顾学术研究与通俗阅读,一方面让专家学者思考史学探索的意义与方向,另一方面又让一般读者深入理解中国近代的历史,特别是中国人生存的时代环境与生命意义的追寻。他写的《天安门:中国人及其革命,1895—1980》(*The Gate of Heavenly Peace: The Chinese and Their Revolution, 1895-1980*)与《追寻现代中国》(*The Search for Modern China*),最能显示他史识的通达与文笔之流畅,能够不偏不倚,就事论事,却又充满了历史的同情与了解,让西方读者理解,中国是一个实实在在的地方,即使难以认同中国历史的发展,却也看到生活与奋斗其中的历史人物,都是有血有肉有感情的人,在特定的黯淡历史环境中,奋勇追寻茫茫前途的一丝光明。《天安门:中国人及其革命,1895—1980》着眼中国近百年文化人与文学家的处境,环绕着康有为、鲁迅、丁玲、他们的师生亲友,以及所处的历史环境与文化空间,写他们的追求、挫折、困境与期盼;《追寻现代中国》则以教科书撰述通史的形式,历述明末以迄当代的政治经济变化,从晚明的繁华到清兵入关,从康乾盛世到晚清颓败,从鸦片战争到康梁变法,从五四运动到共产党执政,从"大跃进"一直述说到改革开放，同时没忘了论及曹雪芹与《红楼梦》，"五四"时期的蔡元培、陈独秀、胡适、鲁迅等人，指出文化变迁的长远影响。这两本历史著作的书写方式，都是传统史学呈现历史全相的主流写法，出版后，都在欧美图书市场成了历史畅销书，并且自 1990 年以来，成为西方大学中国史课程的通用教科书，影响了好几代大学生与文化人。他接着出版的《太平天国》(*God's Chinese Son: The Taiping Heavenly Kingdom of Hong Xiuquan*)、《雍正王朝之大义觉迷》(*Treason by the Book*) 等，一直到近年的《前朝梦忆》(*Return to Dragon Mountain: Memories of a Late Ming Man*)，每一本书问世，都能生动活泼地呈现中国的历史经验，掀起畅销热潮，使西方读者对中国近代历史变化的认识更加深入，加深对于中国历史文化的同情。

史景迁的历史著作如此畅销，受到广大读者的喜爱，也就遭到一些传统学究型历史学家的讽刺，说他是"说故事的"史学家，不曾皓首穷经、在故纸堆中考据出前人未见的史实，而且视野过度宽广，未曾穷毕生之力，专注某一桩历史事件，成为特定历史题材的"权威专家"。也有些以社会科学方法自诩的社会经济史学者，认为史景迁著述虽多，但提不出一套理论架构，对历史研究的科学性毫无贡献，又不以社会科学"放之四海而皆准"的普世性为依归，不曾努力把中国历史文化研究纳入普世性社会科学，充其量只是引起西方对中国历史文化的兴趣。这些批评其实都是皮相之论，以狭隘的学术观点、本位主义的专业立场，排斥历史学的基本人文精神与开发多元的普世关怀。

　　从政治大事的角度书写历史全相，是中国传统史学的主流写法，《春秋》纪事罗列重要事迹，《史记》叙事以"本纪"为经，"列传"为纬，辅以表记志书，成为中国正史的写作通例。司马光的《资治通鉴》与后来的各种"纪事本末"，虽在传统史学体例之中另列一格，其实还是全相式的政治事件书写。不仅中国史学传统如此，西方史学从古希腊开始，也是以叙述"故事"为主。希罗多德（Herodotus）的《历史》，糅合各种资料与传闻，删汰芜杂，以"说书"的叙述方式呈现。古希腊文 historein，本义是"问询"，意即司马迁在《史记·太史公自序》所说的，"罔（网）罗天下放失旧闻，王迹所兴，原始察终，见盛观衰"。太史公作《五帝本纪》，记述上古传闻资料，也面临类似的问题，自己还作了检讨："百家言黄帝，其文不雅驯，荐绅先生难言之。……余尝西至空桐，北过涿鹿，东渐于海，南浮江淮矣，至长老皆各往往称黄帝、尧、舜之处，风教固殊焉，总之不离古文者近是。"希罗多德之后的修昔底德（Thucydides），对记述往古的传闻颇不以为然，认为可靠的历史只有当代的记录，因此撰写当代的战争大事为《伯罗奔尼撒战争史》，在资料的"问询"上有亲身的经历，还可以采访许多身历其境的当事人，得以对勘论辩。虽说着史风格有所不同，更加强调资料源的可靠性，但其呈现战事发生的前因后果，仍是政治事件的全相叙述。不论是司马迁、希罗多德，还是修昔底德，叙述历史的修辞手法，都是去芜存菁，运用明畅的文字，讲一个动听的故事。到了欧洲启蒙时代，吉本（Edward Gibbon）写《罗马帝国衰亡史》，还是遵守这个写历史"说故事"的基本原则。

倒是近代的历史学家，先受到 19 世纪兰克学派的影响，在历史研究领域强调科学实证，以考辨史实为历史研究主要任务，长篇累牍进行钉饾考证，以显示历史研究的专业化。学术机构的建立、文史哲的专业分科、学术专业职场化、学术职业升迁的专业评核，把文化学术的理想转为薪酬饭碗的优渥，加剧了历史研究钻牛角尖的倾向，迫使严肃而有才华的历史学家随波逐流，把全副精神放在历史学科制度的规范要求上面，使得全相性叙事的历史著作遭到学院的排斥，沦为毫无史观与史识的历史教科书与通俗历史演义的领域。到了 20 世纪后半叶，历史研究的科学客观性遭到挑战，许多史学家又从一个极端摆荡到另一个极端，转向"观点"与"问题意识"为主导的探讨，充满了政治正确与社会意识的信念，强调阶级、种族、性别、弱势群体，从各种文化批判角度，进行"把历史颠倒的重新颠倒过来"的工作，化历史研究为意识形态斗争的场域。

总而言之，以新角度新观点来书写历史，拓展我们对历史的认识，或者指出传统历史书写的局限与歧视，固然有其价值，但全相叙述的历史书写传统，还是不该断绝的。不仅如此，历史研究虽然已经成为学术专业领域，却也不能放弃学术研究的基本人文关怀，不能排斥学术通俗化的努力，不能把一般人有兴趣的历史题材当作没有价值的老生常谈，更不能把自己文字能力的艰涩鲁钝作为学殖深厚的借口。由此看来，史景迁既能著述宏观全相的中国历史，又能在历史叙述的实践上探索新的历史研究领域，以生动的笔触揭示新的观点与问题意识，难怪可以雅俗共赏，也为中国历史研究提供了值得深思的启示。

中国史学传统要求史家具备"才、学、识"（刘知几），章学诚又加了"德"。在《文史通义》中，章学诚是这么解释的："义理存乎识，辞章存乎才，征实存乎学"，强调的是，要有文化传统的认识与关怀，要有书写叙述的文采，要有辨伪存真的学殖。对于他自己提出的"史德"，章学诚在《文史通义》立有专章，作了详细的疏解，关键在于："能具史识者，必知史德。德者何？谓著书者之心术也。"余英时在《论戴震与章学诚》一书中指出，章学诚的史学思想承袭了中国儒家传统，太注重政治伦理，所强调的"史德"偏于传统道德的臧否，而不同于现代史学强调的客观性："其主旨虽在说明历史学家于善恶是非之际必须力求公正，毋使一己偏私之见（人）损害历史的'大道之公'（天）！但是这种天人之辨仍与西方近代史学界所常讨论的历史的客观性和主观性有不同处。"我们若把章学诚对"史德"的要求与余英时的评论放在一起，借来观测史景迁的历史著作，就会发现，史景迁的现代西方史学训练，使他不可能陷入儒家道德臧否性的中国传统"史德"误区。反倒是因为他身为西方学者，远离中国政治，与中国近代的政治伦理没有切身的关联，没有族群兴衰的认同，没有利益的瓜葛，不会以一己偏私之见损害历史之大公。从这一点来说，史景迁书写中国历史的实践，配合了余英时的现代史学反思，为中国史学传统的"才、学、识、德"，提供了颇饶兴味的现代诠释。

四

这套丛书两位主编之一的郑培凯，与史景迁先生有师生之谊，是史先生在耶鲁大学历史系任教时正式招收的第一个博士研究生。自 1972 年开始，他就在史先生指导之下，浸润历史学的研读与思考，并且从一个学生的角度，反复阅读老师的历史著作，以期学习历史研究与书写的诀窍。从《康熙》的写作时期开始，郑培凯就不时与老师切磋学问，还会唐突地询问老师写作进度与历史书写的策略。史先生写《王氏之死》、写《天安门：中国人及其革命，1895—1980》、写《利玛窦的记忆宫殿》、写《追寻现代中国》，从开题到完书出版，郑培凯都有幸过从，亲聆教诲，还时而效法"有事弟子服其劳"的古训，提供一些不轻易经眼的文献资料。老师对这个学生倒也施以青眼，采取自由放任态度，提供了最优渥的奖学金，有酒食则师生同馔，老师埋单付账。在耶鲁大学学习期间，郑培凯自己说，从老师习得的最大收获，就是如何平衡历史书写的客观材料与剪辑材料的主观想象，运用之妙，存乎一心。而那个"一心"，则类乎章学诚说的"著书者之心术"。

《天安门：中国人及其革命，1895—1980》一书在 1981 年出版之后，郑培凯立即以之作为讲授中国近代史的辅助教材，并深深佩服史景迁驾驭纷繁史料的本领。此书不但资料剪裁得当，文笔也在流畅之中流露深厚的历史同情，使得历史人物跃跃欲出。郑培凯曾主动请缨，向史景迁建议申请一笔译书经费，翻译成中文出版。他当时也大感兴趣，认为由这个亲自指导的学生迻译成中文，应当可以掌握他的文气与风格，忠实呈现他的史笔。然而，后来因为经费没有着落，郑培凯又教研两忙，杂事纷沓，抽不出时间进行这项工作，只好放弃了一件学术功德，让它变成"姑妄言之，姑妄听之"的逸事，回想起来，不禁感到有愧师门。这本书翻译未成，倒是触动了史景迁编写一部中国近代史教科书，同时辅以一本中国近代社会文化史料选译集的想法，商之于郑培凯与李文玺（Michael Lestz）。这两位学生遵从师教，花费了五六年的时间，终于完成了这项史料翻译选辑工作，出版了《寻找近代中国之史料选辑》（*The Search for Modern China: A Documentary Collection*, New York, Norton,1999）。

近年来，出现了不少史景迁著作的中文译本，几乎包括了他所有的专书，质量则良莠不齐，有好有坏。有鉴于此，广西师范大学出版社的总编辑刘瑞琳女士想出一个方案，策划集中所有中文译本，邀请郑培凯做主编，选择优秀可靠的译本为底本，重新校订出版。郑培凯与史景迁商议此事，立即获得他的首肯。广西师大出版社经过一番努力，终于取得史景迁全部著作的中文翻译版权，也让郑培凯感到可以借此得赎前愆，完成二十年前未遂的心愿，可以亲自监督校订工作，参与翻译大计。然而兹事体大，怕自己精力有限，不能逐字逐句校读所有的篇章，无法照顾得面面俱到，便特别延请了研究翻译学的鄢秀，共同担任主编，同心协力，校阅选出的译本。

在校阅的过程中，我们发现，即使是优秀的译本，也难免鲁鱼亥豕之误。若是笔误或排印的问题，便直接在校阅之中一一更正。还有一些个别的小错，是译者误读了原文，我们便效法古人校雠之意，经过彼此核对原文之后，尽量保持译文语句，稍作改译，以符合原文之意。

我们在校读的过程中，发现最难处理的，是译文如何忠实表现史景迁原书的风貌。史景迁文笔流畅，如行云流水，优美秀丽，时有隽永笔触，如画龙点睛，衬托出历史人物的特质或历史事件的关键，使读者会心，印象深刻，感到有余不尽。我们看到的各种译本，虽然有的难以摆脱欧化语法，大体上都还能忠实原作，在"信"与"达"方面，差强人意。但若说到文辞的"雅"，即使是最优秀的译本，也因为过于堆砌辞藻，而显得文句华丽繁复，叠床架屋，是与原著风格有一定差距的。由于译本出于众手，每位译者都有自己的文字表达风格，因此，我们校读不同的译本，只能改正一些排版的错误与翻译的误读，无法另起炉灶，进行全面的文体风格校订。

翻译实在是难事，连严复都说，"一名之立，旬月踟蹰"，真要挑剔起来也是没有止境的。我们作为史景迁系列作品的主编，当然要向原作者、译者及读者负责，尽心尽力，精益求精，作为学术功德，完成这项计划，为中国读者提供一套最为精审的译本。我们也希望，读这套译本的中国读者，要体谅翻译的限制，能够从字里行间，感到原作的神韵，体会原作的惨淡经营，又能出以行云流水的笔调，向我们诉说中国近代历史与人物。故事原来都是我们的，听史景迁说起来，却是如此动听，如此精彩，如此引人入胜。

目　录

康熙王朝

本书是悠游康熙[1]帝国世界的导览，他是公元 1661 年至 1722 年在位的中国皇帝。这趟游历之目的，乃是要揣摩康熙的内心世界：他凭恃着什么样的心理素质来治理中国？他自周遭的世界学到什么教训？他如何看待治下的子民？什么事情能令他龙心嘉悦，又是什么事情惹得他龙颜勃怒？身为满族征服者的苗裔，他如何适应于汉人的知识和政治环境，又是如何受到来京西洋传教士所夹带之西方科学与宗教思想的洗礼？

任何窥视皇帝内心世界的意图，纵然旨在揭示他的天然异禀和人性特质，也势必会被康熙的子民视为大逆不道。绍承大统之后，康熙便被载入一千八百余年来帝王之家的史册，融入中国赓续两千年不绝的正史进程。根据官方的说辞，皇帝并非寻常之人；

反过来说，假若皇帝流露出寻常人的特质，这些特质也必然符合历史记载的帝王行为模式。一旦贵为皇帝，康熙便成为俗世的中心象征，天、地两界的桥梁；依据中国人的语汇，"天子"统治着"天下"。他一生大部分时间都必须耗费在仪礼上：在紫禁城内接受朝觐陛见，前往天坛祭祀，出席朝廷硕儒讲授儒家典籍的讲座，到宗庙去奉祀满族祖先。若非出外巡幸，便是幽居北京城内或附近美轮美奂的宫殿，外有高墙环抱，还有千万精锐铁卫拱护。生活上几乎每一个细节都突出他的唯我独尊及崇荣地位，彰显他的永垂不朽：唯有他能坐北朝南，群臣只能北面而望；唯独他能用朱砂，群臣仅能使用黑色墨汁；他孩提时代的汉名"玄烨"两个字应避讳，朝廷文牍凡出现"上"字均须抬头；龙袍、皇冠是他的专属服饰；臣民在他面前必须行叩头之礼；甚至他自称的"朕"这个字，也不容他人僭越使用。

诸如此类庄严肃穆的仪轨是历代皇帝所共有的。有鉴于皇帝被视为隶属天地社稷，非凡人之躯，所以有关中国皇帝的个人资料往往付之阙如。这些资料大都不见天日，湮没在历史舞台的幕后。尽管康熙充分意识到帝国传统遗续的沉重负荷，但庆幸的是，他也能够坦率又生动地表达他的个人思想，这样的特质在大帝国的统治者身上实属罕见。当然，这类流露私人思绪的只字片语，必定是零星且往往支离破碎地散见于朝廷卷帙浩繁、措辞陈腐迂回的圣谕与面谕中。然而，小心翼翼地寻索，终能清晰倾听他借由文字真实传达的态度与价值观。

就我得以重构的康熙面貌而言，本书前五章分别对应到康熙思想浑然自成的五个范畴。尽管历史学家并不常运用这些范畴来架构他们有关制度与传记的材料，但康熙官方活动的种种面向似乎很自然地被涵摄在某种私人、情感的框架之内。我深信，阐明本书的组织架构，读者最终应能从康熙自己的观点，领略他内心深处的挂碍，进而更加理解康熙这个人。

第一章的标题是"游"，旨在建构康熙驰骋大地时的意念，以及他对于治下这个国家缤纷丰饶的切身感受。在给宦官顾问行的信里，康熙不无自豪地提及，他巡幸四方各逾二千里：西临山西、陕西，北越戈壁直抵克鲁伦河，东穿辽东迄达乌拉，南巡中国鱼米之乡，行至长江下游的绍兴。诚如康熙所言："江湖、山川、沙漠、瀚海，不毛不水之地，都走过。"[2]康熙巡游的兴味之一，在于搜罗、模拟途中见闻的奇花异草、飞禽走兽，并将之收拢在各处避暑山庄和御花园，其位置均在距北京策马可达之处：西翼的畅春园、南边的南苑、东方的汤泉，以及建于辽东南侧山陵之上、康熙最钟爱的热河行宫。

康熙有时为了射猎之趣而巡历。他尤酷爱偕同皇子、御前侍卫一道同行，足迹踏遍蒙古沙漠地带和满洲，用箭或枪射猎飞禽走兽，垂钓也是他乐在其中的消遣。他乐于把这些技艺编纂成目录，以彰显满人孕育于关外茂密山林的骁勇遗风。17世纪之初，康熙的曾祖父、祖父，正是在此地征服满族各大部落，在庄屯的基础上建立集中化的军事组织架构，或讨伐、或与比邻而居的蒙古人结盟，并赢得原居关外汉人的归附。因此当流寇李自成于 1644 年席卷京城、晚明皇帝崇祯自缢之时，壮盛一统的满人，以其骠悍的骑射之师部署于边关，伺机而动。乘混乱之势，满人袭击京城，追逐流寇，建立大清王朝，顺治冲龄践阼，成为满人入关的首位统治者。

对康熙而言，射猎兼具逸乐与强身之效，但也是一种整军经武的展现。康熙巡幸之时，总有千万大军随行在侧，借以调教兵勇弯弓射击、行营立帐、策马布阵。康熙统治期间，也是清朝领土扩张、烽火边关之时。康熙麾下兵勇于康熙二十二年（1683）统一孤悬海疆的台湾岛；康熙二十四年击溃俄罗斯军队，弭平雅克萨（Albazin）城寨；康熙二十九年至三十九年间，长年清剿西疆及西北边境的准噶尔部，直至康熙六十一年康熙驾崩之时，清廷仍发兵西藏。其中，与准噶尔大汗噶尔丹之间的兵戎相见，似乎在康熙心中勾勒出狩猎与杀伐交错的景象：康熙三十五、三十六年间，康熙几度御驾亲征，仿佛猎人追捕猎物一般逼临噶尔丹。与噶尔丹交锋，或许算是康熙一生中较为畅怀的片段。噶尔丹自戕的消息，被康熙视为个人旷古未有的勋业。

第二章我用"治"这个范畴来临摹康熙的内心世界。在这个部分，我大量运用历史档案。每周以皇帝之名发布的谕令有上百则。这些朝廷的文献，只是流通于 17 世纪中国庞然官僚体系中众多公牍的一鳞半爪。但为求能理解本书，读者仅消认识朝廷官僚体系的梗概即可。康熙时代，中国中央官僚体系主要是由京畿（以北京为主）和省级部门所构成。京畿部门归四至六位"大学士"督导，由六部尚书与侍郎直接署理：这六部包括吏部、户部、礼部、兵部、刑部、工部。都察院御史考课官僚的行为举止。皇帝也有专属的"内廷官僚"，负责掌管宫廷内务、御前侍卫、皇家田产；这个机构是由满人、奴仆与宦官所组成。

京畿大臣督导省级官员。康熙朝大部分期间，中国划分为十八个行省，各省由巡抚主政——这十八个省又分成六个单位，各设"总督"一人管辖。省之下置"府"，府下设"县"，由知县主政，全国共约一千五百位知县。当时中国的实际人口数约莫一亿五千万人，粗略估算，平均每位知县下辖十万人。知县在地方皂吏的辅佐之下，负责征课每年总值约二千七百万盎司的白银；这笔税收征集自相当于九千万英亩的农耕地。知县还负责执行法律与维护秩序，以及初步简拔受儒家典籍熏陶的年轻学子。这是中国官僚体系独步于世的特质：经府、州、县科考录取者是为"生员"；经省级"乡试"科考录取者是为"举人"；二三百名举人参加每三年一试的"会试"而及第者，是为"进士"，其中佼佼者，得以高升入帝国的儒学重镇"翰林院"，从事研究与文艺的工作。举人与进士大抵能在京城或各省官僚体系中历任要津，扶摇直上。

对康熙而言，"治"意味着对整体帝国的经济和文教结构，乃至黎民百姓的生死以及他们人格的启发与形塑，承担终极的责任。对康熙治理思想最重要的影响，无疑是"三藩之乱"这场涂炭生灵的内战，这场乱事缘起于康熙十二年，延宕八年之久。这三位藩王分别是吴三桂、尚之信、耿精忠。朝廷为了酬庸三藩王在崇祯十七年间襄助满人推翻明朝，在中国西部、南方赐封他们大片领地，他们在各自领地的经略形同独立王国。康熙十二年，在与"议政王大臣会议"一番唇枪舌剑之后，康熙决定撤藩，让吴三桂和其他两位藩王离开他们的领地寓居关外。康熙不顾群臣的极力反对，一意孤行执意削藩，结果正如群臣的示警，掀起了一场羁延多年、民不聊生的动荡，几乎葬送了康熙的王朝。

虽然乱事在康熙二十年终告平定，但康熙仍以三藩之乱为炯戒，为他的率尔定夺深感自责，并常以此事为殷鉴，申明睿智的决策是何等困难。黎民百姓在动乱期间的哀鸿遍野烙印他的心头，就如同兵勇的拖沓一样令他勃然动怒；于是在叛乱敉平后，康熙对领兵兴乱的首酋严惩治罪。不过，康熙是依大清律例之叛乱刑责裁夺定罪，而非乾纲独断。康熙对死刑案件的普遍关切，提醒我们，中国人的断案并非恣意妄为：大清律例精致细腻，为各级朝廷命官提供审判时法条解释和诉讼程序的依据。（类似的管理措施，也存在于一体化、标准化的繁杂课税机制。康熙五十一年，康熙谕令冻结"丁"税的税额，作为后代税赋的定额标准，以彰显中国国力的昌盛，并抑止朝廷挥霍无度的开支。）

第三个范畴是"思"。在这一章里，我们走出皇帝践行和常理的世界，转进他在面对史无前例的现象时难以捉摸的反应。根据康熙的认知，成功的思想有赖于心灵的开放和弹性因应。这有别于正统理学家所标榜的严守知识法度，扬弃无谓的冥思空想及对道德统整性的坚持。康熙对理学家的学说，自然大表推崇、身体力行，儒家典籍也能琅琅上口，宋朝大儒朱熹的"格物"之理信手拈来，一如他频频征引阴阳法则和《易经》之说；但康熙还称不上是学识渊博的哲学大师。相反，康熙的特质在于求知欲旺盛，始终浸淫于探索万物生成与变化之道。终其一生，他在不同的阶段对几何学、机械学、天文学、绘图学、光学、医学、音律、代数都表示过兴趣；在这些和其他学术领域，推动工程浩瀚的学术和百科全书计划。他在造访孔子故里和墓地时的表现，可见他即便在庄严肃穆的礼仪场合，也毫不掩饰对知识的渴求；在与罗马教廷特使的对话里，我们也可以发现，康熙纵然大发雷霆，也无碍于他对新知的探究。

　　这位罗马教廷特使多罗（Maillard de Tournon）的颟顸，令康熙左右为难。自御极以来，康熙即对耶稣会传教士赏识有加：他对耶稣会传教士在力学、医学、艺术与天文技艺的造诣推崇备至，并延聘他们到宫廷主持几项工程。耶稣会传教士的制图家勘绘中国地图，耶稣会传教士的大夫于康熙巡幸时随侍在侧，耶稣会传教士的天文学家在朝廷历局里供职。举凡南怀仁（Ferdinand Verbiest）、安多（Antoine Thomas）、徐日升（Thomas Pereira）等耶稣会传教士均位居要津，深受康熙宠信，这全有赖于这批耶稣会神甫博学多闻，唯康熙之命是从。但如今多罗捎来讯息，披露罗马教宗有意钦命一位深受教廷信任的专家为驻北京特使，俾以捍卫教宗的宗教权益，确保中国的"异端"毒素不至于渐次玷污在华的礼拜仪式，并严加约束在华传教士的行止。康熙的响应态度坚决，在道德和宗教领域，他必须维护中国皇帝的传统权威；他要求耶稣会传教士臣服于他，只能由他们当中他所稔知、信得过的人来监督他们。康熙告诉耶稣会传教士及其他教会的神甫，他们唯有"具结"申明他们了解、接受康熙规范的祭祖祀孔仪礼，才得以续留中国。拒绝签署保证的人将被逐出中土。同时，康熙也断然否决了教宗在北京派驻个人使节的要求。

康熙将过去视为悬而未决的问题；因此，他对于当今所谓的"口述历史"深感兴趣，执意广搜博采各方数据，编修前明历史。为了这项计划，康熙延揽了一批仍眷恋前明皇帝的异端宿儒，这些人士视满人为篡夺江山社稷的外族；为了延揽这批儒士编修明史，康熙还破格特开"博学宏词"科，充分展现了他的弹性与机敏。但是康熙的宽宏大度并未推及斐然出众的散文大家戴名世。纵然戴名世只是在为前朝著书立说时，严守随心所欲探索历史这一原则，他还是因文字狱遭康熙谕令处决。康熙的思想终究难以超脱政治的藩篱。

但政治同样无法逾越肉身的局限，第四章"寿"这个范畴，力图刻画康熙是如何意识到肉体的孱弱，并将这样的体认转化为对饮食、疾病、医学及追忆的癖好。令人诧异的是，康熙竟然公开自曝生理与心理的耗弱——显而易见，这在某种程度上起因于他意欲博得众人的同情，并在千钧一发之际争取众人对他的拥戴，但诚实也是康熙重视的美德。在康熙统治时代的中国，敬老与孝道乃是高度仪式化的行为，必须在某些特定场合透过独特的仪式、态度来彰显。或许是自幼双亲俱亡的缘故，康熙时常悖乎寻常地公开流露对祖母与儿子胤礽的情感；从残存的零星信笺里可以窥知，康熙这种挚爱之情，无论是公开或是私底下都显得表里如一。康熙对于病灶十分敏感：他知晓身体衰弱的迹象是难以遮掩的，但也深知求助医疗之道来克服身体衰弱是人之恒情（若是可行，乞灵于宗教、方术也未尝不可）。康熙时代的中国，靠着汗牛充栋的诊疗处方及详尽药典的医疗行为，是高度专业化的行业。康熙固然深知肉体之躯终难摆脱日渐羸弱的阴霾，但一如在其他自然科学的领域，这位皇帝也一时兴起、沉湎其中，满足猎奇的欲望。

康熙唯一能抗衡肉体之躯灭亡的是名留青史、垂范万代。康熙共生养五十六个皇子；其中只有一子是皇后所生，康熙对于这个皇子胤礽寄予殷切的厚望，溺恤有加。胤礽身为太子，受到悉心栽培。但集三千宠爱于一身的胤礽，终难跳脱宫廷拉帮结派的腐败生活纠缠，满人贵族的世袭阶序因而被打乱。满人军事制度是康熙的曾祖努尔哈赤在辽东一手创建的，由名为"旗"的八个军事单位构筑而成，康熙统治年间，八旗制度依然分别由大权独揽的豪族将领操控。这些将领挖空心思博取皇太子的欢心，他们的图谋遍及各级满人官员，甚至汉族封疆大吏也难以置身事外。派系政治构成了第五章"阿哥"的主要内容。

康熙借助富甲一方、权倾一时的叔父索额图之力，于康熙八年挫败了飞扬跋扈的摄政王鳌拜。三十四年后，康熙未经审判即将索额图投进死监；又五年之后，索额图的六个儿子也踵继其父后尘。京城步军统领托合齐及一干心腹等，也于康熙五十一年遭处死。康熙晚年连番激烈的争斗与苦闷不堪的谕旨，引领我们通向爱恨交织的曲折世界，他的殷殷期盼显然已大大落空；一个向来睿智、幽默的人，瞬时变得既歇斯底里，又冷酷无情。康熙曾暗示自己恐有遭暗杀之虞，还一度揣测爱子胤礽耽溺于断袖之癖，这点尤其令他生厌：他下谕处死到过胤礽宫邸的三个膳房和若干侍童，密令暗中追查牵连江南鬻童案的"第一等人"，要他的心腹侍卫作证表明永保皇家躯体的"至洁"。但诸如此类的其他事件大抵纯属含沙射影，在"阿哥"这章里，我们将超脱历史档案的记载，深入康熙绝望的内心世界。

在风格、架构方面实验良久之后，我决定透过康熙之口，以自传体的形式来剪裁前述各项素材。不过，无论是统整我所搜集到的零散资料，传达康熙的率性而为，或勾勒他在公开及私下场合凝思中自我审视的起起伏伏，采用这种自传体形态似乎是最佳的尝试（在这方面，现今有几本上乘的历史小说，特别是尤瑟纳尔 [Marguerite Yourcenar] 撰写的《哈德良回忆录》[*Memoirs of Hadrian*]；[3] 在这本书中，我尽可能忠于史料记载的康熙语言，仅摘选能真实呈现康熙观点的用语、词汇、段落，而不刻意加油添醋。（在"注释"里，我将一一标明征引的出处。）由于因缘凑巧，以及皇帝本人性格使然，为后世遗留下的丰硕史料，对我这项智识重建的工作裨益良多。身为满人的康熙，青少年即学习汉文，他那简洁流畅、坦率抒发的笔触，相较于具备丰富语言学养而纵情于绮丽浮夸、好用典故之文学风格的文人（或者皇帝），显得独树一帜。康熙冲龄时即受制于顾命大臣的淫威，使得他与祖母及一班侍卫、大臣异常亲近，甚至对顾问行等少数几位宦官信赖有加。康熙习惯不拘形式地给这些人草拟信笺，1911年清朝覆亡之时，清宫里发现了数百封以汉、满文书法撰述的康熙信笺和断简残篇，本书在"附录一"附上其中十七封写给宦官顾问行的信函。透过这些信函，我们得以一睹康熙私底下口语化的风格；捕捉康熙的语言神韵，窥视康熙心绪的翻腾和纠葛。这是皇帝思绪须臾间的纾解，通常未经大学士的润饰，所以能任想法恣意骋怀。在朝代更迭循环的常态下，这些逃过一劫、因机缘巧合而遗留下来的史料，或许可能会因肃穆的"正史"编纂、校勘、付梓而销毁殆尽。但是，1920、1930年代肇建的中华民国，有批学者不畏帝王身上的历史尘埃，竭尽所能地搜罗这些断简残篇，付梓出版。

至于平日经纬国政的编年史，即所谓的"实录"，就如同清代其余诸位皇帝一般，也存在于康熙朝时代。"实录"的记载通常巨细靡遗，且高度形式化，但康熙倡议简洁扼要；同时也因为康熙在评断、讲课、抱怨、劝诫时口语化的特质使然，我们可以发现康熙王朝"实录"的篇幅有所节制。（康熙在位六十一年，依据西方人的算法，总计约有一万六千页。）终其一生，康熙共谕令刊印了他三部著作全集，纵使其中不乏可能出自御用文人之手，而非皇帝本人亲手所作的制式化文章，但这三部全集包罗了

"实录"不曾收录的谕旨及迷人诗作。康熙还发展出一套"奏折"制度，是一种秘密通信的方法，官员透过奏折可以直达天听，无须辗转经过官僚体系；康熙亲笔批阅密折，盖上个人用印后再将奏折送回原来上折子的人。许多有康熙批览的奏折幸存至今，其中九册甫由台湾的故宫博物院影印出版；此外还有许多满文密折尚待校勘。这些等同朝廷日志的"起居注"，揭示了皇帝经世济民的独特观点，其中有部分也已经付梓。至于康熙的道德观及种种追忆，则由他的皇子暨皇位继承人雍正皇帝集结成册（即《庭训格言》），于雍正八年间刊刻印行。除此之外，透过康熙时代出使中国的西洋传教士，以及供职于康熙王朝的耶稣会传教士的就近观察，也可以补充上述史料。

再者，更为详尽的交叉比对数据，也可见诸康熙时代文人、官吏所撰写的零散但浩瀚的文章和年谱。有鉴于康熙时常巡游，鲜少维持寡言静默，也接触过形形色色的人物，其中有许多人都披露了个人的观感。他们往往心生伴君如伴虎的畏惧，但也有少部分人是例外的，譬如孔尚任、李光地、高士奇、张英的著述，包含中国史料中向来凤毛麟角、但在西方史学界却俯拾即是的贴身观察；亦即熟稔宫廷生活奇谭异志的男男女女所写的书信、日记、回忆录，见闻广博，甚至流于闲话家常。皇帝无远弗届的权力，编纂正史所使用的架构，以及罗织文字狱的阴霾如影随行，都使得这类实用素材在中国付之阙如。

蕴涵在这些章节编排顺序中的是一种编年脉动的概念：始自

身强力壮、果敢行动、思虑缜密，乃迄于装腔作势的姿态、垂垂老矣的落寞。就此而论，本书几乎是一本自传。但从另一种角度观之，前五章无非是第六章的延伸解释，而第六章则完全迻译自康熙本人于康熙五十六年草拟的《临终谕旨》。康熙透过这份谕旨主要想表达他的内心思绪。几个月后，当有官员谘询康熙是否还另有谕旨要颁布时，康熙雷霆大怒："朕缮写一生之事，已备十年。朕言不再之语，已尽之矣。"⁴依据我们的标准观之，这份《临终谕旨》是篇短得令人费解的小传，但康熙并无撰书帝王自传的祖宗典范，就当时的标准而言，十六页的汉文已是康熙王朝史无前例最长的谕旨了。设若这份谕旨读来似有迟滞窒碍之处，且怪异地糅合了陈辞滥调与真挚情感，这可能是因为我们缺乏对康熙的了解，而非康熙无能认清自己（这份《临终谕旨》，恰巧可和康熙宾天后所公布较为千篇一律的形式化遗诏作一对照。详见"附录二"）。因此，本书前五章也可视为康熙用自己的语言进一步阐释自己这幅晚年速写。

这种观察角度容许读者设定不同的时间结构来解读本书。本书各部分不仅横跨了康熙公布《临终谕旨》前六十三载的生命历程，也可压缩在《临终谕旨》公布前流逝的一个小时。康熙五十六年十一月二十一日，公元1717年12月23日，康熙草拟这份谕旨准备向群臣宣达之时，过往回忆一一浮现。这时接踵而发的事件，令他非比寻常地意识到死亡与历史定位：嫡母孝惠章皇后日薄崦嵫，他本人苦于眩晕也已有一段时日，双脚肿胀疼痛不良于行；

众阿哥之间因觊觎皇位继承而蓄积已久的激烈派系斗争，又告死灰复燃。因而本书也试图阐释记忆超越时间囿限的巨大力量，尝试刻画只消顷刻间集中意念便能唤醒的难得事件。

普鲁斯特（Marcel Proust）在《追忆逝水年华》（*Remembrance of Things Past*）一书的结尾处写道："一小时不单只是一小时，它是满载芬芳、声律、计划和心境的花瓶。"他继续说，"我们所谓的真实，是瞬刹间同时萦绕你我的感受与记忆间的某种和谐。"[5] 过往云烟徒令历史学家黯然神伤，因为他们自知永远无法填满这个花瓶；纵使他们能够，断简残篇的史料也难以捕捉住这"某种和谐"。

尽管黯然神伤，这并不意味从此就得改弦更张，我超脱语言、时间的桎梏，述说康熙的丰功伟业，进而认识康熙这个人。

注释

1 **康熙** 中文世界并无关于康熙生平的长篇研究，西方世界也仅只三本：白晋
  （Joachim Bouvet）夸大不实的描述，于1699年以法文出版，本书的内容糅合了
  亲身经历与道听途说；希伯特（Eloise Hibbert）于1940年付梓的轻畅作品，主要
  取材自耶稣会的史料；克舍勒（Lawrence D. Kessler）1969年未出版的博士论文，
  即《康熙皇帝的养成历程，1661—1684》（*The Apprenticeship of the K'ang-hsi
  Emperor, 1661-1684*），虽广搜博采中文史料，但内容仅触及康熙的青年时代。
  　　20世纪，日本出版了四本康熙的传记：西本白川的《康熙大帝》（1925），长与
  善郎的《大帝康熙》（1938），田川大吉郎的《圣祖康熙帝》（1944），间野潜龙
  的《康熙帝》（1967）。后藤末雄于1941年出版了上述白晋著作的日文全译本。这
  些作者都认为康熙是一位睿智、果决的君主，他融合军事韬略、科学知识及儒家美

德于一身。其中有几位甚至还认为，康熙身为满族征服王朝的统治者，正是20世纪日本人入华的典范。因此，西本白川于1941年再版他的著作时论及，书中研究的异族统治者，足堪日本人借镜。而长与善郎为他那本书下了"治理中国之原则"的副标题，并在结论时表示这或许可作为日本在华的参考。田川大吉郎还关注耶稣会早期在华的势力，以及康熙蕴涵的进步与科技观；间野潜龙的论述主旨在于对比康熙与路易十四，并突显康熙本人的宽仁。直到1967年，日本学者在研究康熙朝时，才摆脱了现实政治的论述途径。

上述作品除克舍勒的著作之外，并非全然倚赖原始的中国史料，而是大量取材自白晋以降的耶稣会神甫的见闻。是故，本书与上述作品在年代上自然有重叠之处，但我所引述的事件并非见诸这些传记，而是援引自我判断较为可靠的原始中国史料。

迩来有两篇中文论著亦值得推荐。刘大年于1961年发表的中文论文《论康熙》，这篇文章有个详尽的、令人眼界大开的英文篇名"Emperor K'ang-hsi, the Great Feudal Ruler Who United China and Defended Her Against European Penetration"。在刘大年的文章里，我们已可以察觉到日后学者一窝蜂的论述主题：康熙是位剽悍的反帝国主义者。刘大年在文章里，基于中俄社经条件所能容许的运作自由度，比较康熙与彼得大帝的作为，有启发性的分析。袁良义则是在1962年发表的文章《论康熙的历史地位》，批评了刘大年的若干论点。袁良义同意康熙是位伟大的历史人物，但他认为刘大年的文章夸大了17世纪西方诸国的军事实力，简化当时代的经济实情，特别是各种宰制地主，另外，也淡漠了满汉的种族矛盾。房兆楹（Fang Chao-ying）为*Eminent Chinese of the Ch'ing Period*（pp.327-331）一书所撰写的康熙王朝条目，仍是最简洁且蕴涵学术性的引介。

2 **寄总管太监顾问行的信**　详见"附录一"。

3 **尤瑟纳尔**　Marguerite Yourcenar, *Méoires d'Hadrien*（Paris, Plon, 1953）；英译本 *Memoirs of Hadrian*（New York, Farrar, Straus and Young, 1954）。

4 **引言出处**　见《大清圣祖仁皇帝实录》，卷二七六，页十六。

5 **引言出处**　见Marcel Proust, *A la Recherche du temps perdu, XV: Le Temps retrouvé*(Paris, Gallimard, 1949), p.35。

第一章

游

IN MOTION

鄂尔多斯行围，雉兔甚多 [1]

地敞沙平河外天，合围雉兔日盈千。

筹边正欲劳筋骨，时控雕弧左右弦。

——玄烨　康熙三十四年

塞外极远处生长一种罕为人知的白雁，霜未降时始飞入内地，边关守将视之为霜降征兆。朕将之豢养于畅春园水塘侧，任其饮啄自如。

春季时分，邻近白雁处，孔雀、白鹇、鹦鹉、竹鸡，及其大如拳的小鹤，各有所宠。麋鹿、麝鹿驯卧山坡，若以竹篙击之，群麂徐起立视，绝不惊跃。园内所种玉兰、腊梅岁岁盛开，牡丹国色天香，绛桃、白丁香一望参差，黄刺梅娇艳欲滴。葡萄架连绵数亩，有黑、白、紫、绿诸种，皆自哈密进贡。[2]

朕自幼即喜观稼穑，各方得来之五谷蔬菜种籽必种之，以观其收获。朕巡视南方时，将江南香稻暨菱角带来栽种，怎奈北方地寒，未能结实，但朕亲视栽植之绿竹，培养得法，故能长大几许。[3] 人参[4] 种植院中盆内，宁古塔所产满洲名 "宜而哈木客"[5] 之果，今零星栽于热河，异香满院，风味颇佳，不让于闽、粤荔枝。傅尔丹将军进贡青稞黍种[6]，已植于畅春园、汤泉。

邻近京城之皇室林园丘壑间，及设于南苑、汤泉、畅春园内之围场，每每行围狩猎。野猪困于泥淖之中，架鹰牵犬合围雉兔；纵虎出闸，诱之以钝矢，鸟枪射猎，或提枪刺之。星夜下，临摹田猎，口哨、杂技、歌舞、丝竹声声不绝。烟火炫目，骑师手执红藤蔓，舞动 "蓝火舞"，爇然灯笼，愈转愈小，星罗棋布，连绵如缕。火矢冲天，缤纷夺目。林园美不胜收：泉涌洁净，绿草萋萋，山峦叠翠，湖光粼粼。[7]

远迈长城，水土甚佳，令人神清气爽：离开坦道，深入不知名国度；迤逦群山，[8]"蓊蓊郁郁"。[9]行往极北行，视野天阔，目穷千里；郁闷胸怀，霎时骋怀自若。至若盛夏时节，树积寒露，林叶初黄，仿佛九月暮秋。沁凉黎明，须着皮袄御寒，然京城正值酷暑，朕自是不愿命太监领嫔妃出宫，迎朕返京。[10]

塞外遍植橡树、白杨树、山毛榉树林，以及野梨树、桃树、苹果树和杏树。策马漫游，俯拾可得满洲名为"乌纳拉"的甘梅，其色淡红恰似樱桃，热河所产樱桃则有红、白种，酸樱桃色味俱佳；可捡拾初落榛实，或于山中野烧山核桃。[11]茶[12]置于悬吊两马间的火盆，以初融雪水烹煮。朕亲网鲢鱼、鲫鱼以供晨餐，若浸以羊脂或盐腌，即可驰送京城食用。[13]至于麋肉，可在向阳山脉处，张幄炙烤；或可取甫宰杀的雄鹿肺，亲手烹调（纵使下雨亦无妨），蘸盐、醋，大快朵颐。[14]在辽东，亦可享用御厨珍视的极品——熊掌。[15]

朕于骑射、哨鹿、行猎等诸事，皆幼时习自侍卫阿舒默尔根：阿舒默尔根直言禀奏，无所隐讳，朕迄今犹念其诚实忠直，未尝忘也。朕自幼至今，凡用鸟枪弓矢，共获虎一百三十五、熊二十、豹二十五、猞猁狲二十、麋鹿十四、狼九十六、野猪一百三十二，哨获之鹿凡数百。其余围场内，随意射获诸兽，不计其数矣。常人毕生射兽之数，不及朕一日所猎。[16]辽东当地佐领那柳不胜惊异，奏曰：未见日获如此多鹿者，实乃"真神奇也"。朕曰："从来哨鹿行围，多所杀获，何神奇之有？"[17]朕于日出前二时离开御帐猎鹿，日落后二时归返，仅晌午小憩片刻。朕尝日获鹿三十六，甚与猎夫合围哨鹿一百五十四。[18]

朕持钝矢[19]猎鹿，俾以锻炼臂膊。或乘三桨船，于浅湖处，以鸟枪射猎水鸟。或于月色中，火炬通明，追猎羊群。朕命猎夫追赶野兔至河岸处，俾朕于舟上发矢射之。朕放鹘鹰猎捕鹌鹑、野雉，或以箭射之。朕尝领二百舟船，于北吉林水域，遍寻鳣鱼，并乘骆驼所负之折叠船，至山中溪涧垂钓。[20]

自五台山返京时，朕尝于长城南方，濒大溪行，裂岸惊涛，与马蹄声相激，有一虎伏于道旁灌莽之间。倏忽，纵登山腰，复跃至平陆，朕穷追不舍，援弓射殪。在关外，有一虎睡卧于山下，惊闻鸟枪声，一纵而起，朕隔溪涧发矢，虎应弦倒毙。[21]两天后，朕射殪一豹，再二日，朕又枪殪二大熊。[22]朕与喀喇沁王行围时，发一矢，射穿两黄羊，众随侍无不惊异；朕解释，此系借黄羊跳跃之势，故能一箭双羊。[23]弩箭固能射远，然不得准贯，弹力亦微，不如反曲弓；平日作玩具可，但实际应用之时不足恃。[24]人宁用鸟枪而不就弩箭，而用鸟枪火药最宜小心——一两火药，可轰动二三间房屋，如一斤，则其力难以言喻。对此，朕知之甚详。北巡之时，朕谕令于深谷演礮，崖壁顿时回声大作；另一次京城附近演礮，朕将礮声喻为雷声。霹雳通常不出百里（诚如《易》云："震惊百里。"），若闷雷，不过七八里也。然礮声，竟可闻于二三百里之外，朕令于芦沟桥试礮，天津皆可闻之。[25]

一日，过龙泉关，朕令随侍停驾，连发三矢，直逾岩顶。[26]又，皇长子胤禔、皇三子胤祉随驾策马而行，至海拉苏台河，途经名唤"纳哈里"险峰，朕率文武诸臣依序仰射。除朕之外，惟侍卫桑革、纳拉善得射过峰顶。朕谕令易名是峰。汉人称此峰状如浮屠宝塔，满人旧称"纳哈里"，意指其形若摇晃之大袋，貌似鹿之内脏；朕遂令更其名为"哈哈达"，即"宛如猎网之危崖"之谓。[27]

朕尝云："田猎原为游豫，今日睹伤人若是，何以猎为？"昔日满人多为徒步行围，常为虎爪所伤。将军都统不以为意，视之为寻常，朕遂深责之。朕自此永行禁止徒步行围，将军都统怠忽人命。[28] 若射界模糊，又有虎隐伏草丛间，朕即令随侍退，放犬追猎。犬颈戴金色项圈，饰以红色流苏，围虎跳嗥，人即知虎所在也。犬不畏虎，随吠其后，啮其尾，虎怒逐犬，遂出平陆。[29] 围猎自有危殆：朕之坐骑尝有失蹄，令朕坠马而下。随侍哨鹿时坠马，其箭射破朕耳。[30] 亦有因马失蹄而负伤者：王隳坠马伤重，乞请辞官还乡，朕遂遣侍卫兼具高明医术的召邦，照料王隳[31]，南怀仁即因坠马而殁，[32] 钦天监历官穆成格（Mucengge）亦落马身故。[33] 朕阅太原城官兵骑射时，有一兵丁乘马惊吓，渐近朕来，幸赖傅尔丹疾行趋前，勒止其马。[34]

未有不善于驭马而能精于骑射者也；骑射之道必自幼习成，抑且不惮乘骑。十余岁能纵马驰骋，成年后即马上纯熟，善于控制。[35] 至于马，族人令萨满巫师，立于五对白马前，马首朝西，紧挨圣树，上挂有二十七纸扎牲礼，高声祝祷："上苍，蒙古诸公、满族众王，吾等向尔乞祝，保佑吾马飞驰。愿尔等神力，赐吾马奋蹄扬鬃；

奔驰如餐风，色艳如饮雾；饱食刍秣，体魄健壮；细嚼慢咽，延年益寿。保佑吾马飞跃壕沟，悬崖收蹄，免于遭窃。众神啊，保护吾马；神灵啊，保护吾马！"[36]

蒙古人、满人于塞外狩猎之时，其骑射之技令人叹为观止、哑口无言。精于骑射者，如云屯风生，人马合一，上下如飞，磬控追禽，发矢必中。观之令人心目俱爽。善驭马者逐兽，驰驱应范，远近合宜；良骥近兽远兽，亦知人意之所向。故精于驭马者，不择马之优劣而乘之，惟见其佳。盖人能显马，马亦能显人。[37]

行猎虽系习武，亦为整饬军令之事：一班猎人依军令行事，而非为行军之便或家族偏好。[38]古人为求习武，一年四季出猎，若此则人劳，禽兽亦不得遂其生，故一年两季出猎为宜：春日水猎，欲人习于舟楫也。秋日出哨，欲人习于弓马也。若此则人不劳，而禽兽亦得遂其生。[39]围猎之制，贵乎整齐森严，亲王大臣近侍非得旨，不敢在围场发一矢，不敢出入参差，左翼军官在左，右翼军官在右。校阅兵丁，以旗之所向为分合：吹螺击鼓，诸军齐进；鸣金发号，众将止行。如是反复九回，第十次枪礮齐发。安营扎寨亦复如此。森严环行，以朕之御帐居中，围之黄旗大纛；后有七尺高之粗绳网；之后为侍卫营帐；最外围乃随侍及兵丁营帐。[40]

塞外情形，必身历其境，乃有确见。行军之道，调军转饷，必由一人兼综，事乃易成。不可臆度塞外，昔明代之时，甚或当今，汉臣俱未深悉。[41]康熙三十五年（1696）征伐噶尔丹时，博霁、孙思克等将军以为仅专管军务，不涉与粮饷转运之事。翌年，朕自白塔北行，犹见有遗骸，皆兵丁困馁，致使道有饿殍，遂令沿途掩埋。[42]

供水之事，至关重要，若有差池，断不能轻饶。康熙三十五年，朕遣户部侍郎思格色掘井。然其人昏聩，朕问一井供饮人马几何，思格色竟不能对。朕着思格色革职，充卒伍，从军效力。[43] 水之轻重，各地有异，虽处"戈壁"瀚海，亦能所获。戈壁可得之水有四：一种名谓"善达"，掘二尺可得之；一种名谓"塞尔"，掘一尺可得之；"步力"，水不好；"演布尔"，只用手去沙，即可得之。悉心估算，可知井下冰封，可先遣兵丁疏凿。故行军一千九百里，虽不见河流，犹可存活。[44]

我等时居塞外，常饮河水，平时无妨；然夏季久未降雨，山泉蓄积杂质，降雨之后，水泉混杂，以致泻痢，且多损人而不知也。行军之时，切勿取饮道旁沟壑之水，饮之易得霍乱之疫。若遇不到好水之处，可蒸水以取其露，烹茶饮之。[45]

出外行走，驻营之处最为紧要。我朝旧例，忌讳回原立营之处。夏、秋间，当虑雨水，必觅高原，凡近河湾及低洼之地，断不可住。冬、春间，应思星火燎原，但觅草稀背风处。若不得已而遇草深之地，必于营外周围将草刈除。"凡事预先伺候"才是；时近冬至，阳气初生，多风多燥之际，必小心火烛。久旱必多水灾，务须留心观察水道，避开险地，山洪似可一夜骤发而至。[46]

朕查历年"晴雨录"，虽各省不同，惟初八、十八、二十、二十二、二十四无雨日颇少。如初九至十五，见月则不雨。倘云盛盖月，即成霪雨，非数天不可止矣。朕每尝观风向：四季，西南风皆罕见；西北风俗称"客风"，不过三四日即转向；东南、东北风，俗亦称"雨风"。观云仅能预知半日天候，连阴之时，难知天晴，亢旱之际，难知其雨。[47]白日长短各地有异：黑龙江位处极东北之地，日出日入，皆近东北方，所以黑龙江夜短，日落亦不甚暗。[48]

朕常立小旗占风，并令直隶各省，凡起风下雨之时，一一奏报。朕亦尝取测日晷表，亲笔画示正午日影所至之处，置于乾清门正中，令诸臣一旁观察。至正午之时，日影与朕亲笔画示之处吻合，毫发不爽。朕于朗朗晴空星夜中试测方位，并取南怀仁为朕备妥之星图报时。[49]诸臣皆不尽谙二十八星宿，于是朕阐释成对居于猎户星座之参、觜星宿，及天文地理相合之道。[50]朕深知中国山脉，皆由昆仑山脉而来，彼地四面有江。进而推算，赤道四十五度之南，水皆向南而东流；四十五度之北，俱向北流。[51]

行围狩猎一如行师征战，务必照料随行大臣、人员。天气炎热之时，户部、工部当沿途备冰水、梅汤、香薷汤，以供众人之饮。若雨雪交作，朕即遣御前侍卫以骆驼载账房及食物、柴炭，赐辆车未至之人，令其栖息炊事。朕亦不忘让随营贸易之人，饮食不乏。[52]朕思商贾之人等遇河涉渡，河水已寒，乃命侍卫与之共乘一马渡河。[53]朕对于引路、探信、牧马、掘井之人，若甚为效力，诚属可嘉，必重加奖掖。[54]天气隐晦，恐即有滂沱大雨，朕即传谕，各将马匹，悉心照料，加意盖护。走远路，行数十里，马既出汗，断不可令之饮水。若饮之，马必得残疾。驻营时，朕必令人详审水草，或有乏水处，则凿井开泉，蓄积澄清，务使人马给足。若有乏草处，羊吃饱了马才得吃，才能徒步行围。[55]

朕亦传谕：行师所过地方，不得扰害居民。严禁掠夺马畜，蹂躏田禾。在营休息，不得擅离营伍；按旗队依次前进，不得零星散乱；毋酗酒、毋喧哗、毋呼叫；入村庄，不得强取一物，不得侵犯男女村民。[56]

康熙三十五年，朕首度御驾亲征噶尔丹。拂晓前五鼓起寨，天寒料峭，即撤营，上马就道；十一时扎营，每日进膳一餐。然朕仍须严加督促。启行时，朕见炊烟甚多，军士尚在营中休眠。如此怠惰，恐致使行李羁迟，向导、骆驼队延宕，军士人等不得及早安营。行军时，朕作息简陋，不墨守仪礼成规，凡有坐骑过朕面前毋须下马；饮食一如行围狩猎，仅简便烹调猎得之鱼等；或置身牧者营帐内，饮乳酒，闲话家常。[57]某回，膳房仅备肉肴，竟忘携带饭食，诸皇子及近御侍从，俱欲鞭笞之。然朕曰："彼无心，偶忘携带耳。此乃小事，可宽宥之。"[58]于边关小镇，朕常趋缓通行，让百姓观者无禁，得以目视天颜；或让百姓围观，亲睹朕进膳，并赐以粱肉。[59]

于各处行伍中效力之人，朕常唤来与之谈论。盖因我朝太平已久，今之少年于行兵之道未尝经历，须问行军之旧人；或有年迈解任之将领，欲再往军前竭力报效朕；或召前将士之后，亲赐酒饮。[60]在校场练习射箭之时，朕常暗记个中翘楚，召之于朕跟前再行演练，垂询是否尝有先人、亲戚殁于征战，倘有，朕旋即拔擢。[61]朕时常以官军设想为轸念，选择狩猎处所，宁舍水草佳、兽类多但无柴薪之处，而就兽类一般、但柴薪充足之地，盖因柴薪窘急，朕岂能令近侍官军忍饥行走乎？[62]朕力促驻地官兵甄拔神射手，与朕之侍卫较量高下，所用皆为"硬弓"；或者交替放鸟枪与射箭，所练习科目有马上放枪、有跪而放枪、有仰卧而放枪，朕亦展现左、右开弓之本领。[63]朕观试武举，考课其步射、骑射，兼及为文功力，以定其次第优劣。[64]朕谓：兵丁不可令习安逸，惟当教之以劳，时常训练，使步伐严明，部伍熟悉；[65]令兵丁仿朕年幼种痘之方，出痘以防天花；[66]令官军俱习水性，纵使习之未精者，攀爬或捕鱼皆毋须牵挂。[67]

边疆天寒料峭、潮湿、荒凉，戈壁瀚海一望无垠，惟有野骡黄羊，渺无人烟、无屋舍、无飞鸟。朕曾亲眼目睹，边疆百姓以山核桃作粥而食，若时届冬春，怎知何以存活；牲畜羸瘦，目前尚勉可支持，但终究难存。[68]备师剿寇务必熟筹。康熙三十五年出兵讨伐噶尔丹之前，朕着八旗满洲、蒙古、汉军众将，于各旗聚议，商讨噶尔丹军之动向，我兵如何部署，议定，由本旗陈奏。朕认为，可派西安、宁夏满、汉兵，从西路挥师，京师兵穿戈壁从中路进军，议政王大臣会议应核算随师口粮，所需骆驼车辆及厮役之名数等，据其估算，西路军一万零七百九十名，中路军八千一百三十名——每兵给马四匹、厮役一名，各带口粮八十日，每人每月给米二仓斗（礮手例外，两名共享一名厮役）。[69]

朕以为，自我太祖、太宗、世祖至今，野战必胜，攻城必克，特规酌旧制，参以新谟，统以如下军令告我全军：凡兵之盔尾甲背，及战矢之干，各记名其上。马烙以印，鬃尾处系以小牌、书旗，分佐领姓氏，以为记号。毋酗酒、毋喧哗、毋呼叫，不遵者，该管官即行补责。掠夺马畜，擅离营伍，从重治罪。扎营务按旗列幕，不密不疏。出哨，勿举火、勿携帐，其马备鞍以待，必张弓、束服，并解甲囊以备。如衣服器械有异者，即行擒拿。若无寇妄报，或寇近不知，以致传报稽迟者，立刻正法军前示众。驼马须择水草善地牧放。搜察遗失驼马，审其印烙牌记，各交原主。其疲乏者，即就近地方官、或村庄居民、或蒙古处，交于饲养——因其疲乏而委弃宰杀者，严治以罪。大军凯旋时，凡军器不得售卖或存留与诸蒙古，违者从重治罪。凡大兵存驻，毋令闲惰，每日较射，磨砺器械。[70]

自康熙三十五年春出兵京师，朕告祭天地、宗庙、社稷，务期剿灭噶尔丹而还。自兵丁以至厮役，无不思灭噶尔丹。然如何作为，众说纷纭，朕谘询众将陈议，特遣侍卫马武、侍读学士喇锡商议，得七种谋略。朕最终统整鄂扎、吞珠、索额图之筹谋，宜遣使谕宻伏克鲁伦河之噶尔丹，使之方寸大乱，朝西逃窜，引噶尔丹与自宁夏行军之费扬古师遭遇。[71]朕熟计噶尔丹情形久矣，故知此乃上上策也。二十年前，靖逆将军甘肃提督张勇疏言，其秘察噶尔丹莽撞但优柔寡断，其人之年龄、家庭概况，启衅穆斯林，以及性好酒色。自此，朕即留心噶尔丹之为人狡诈、指西向东，过于自负，素无远识，信人诳言。[72] 朕遣使谕晓噶尔丹后，派哨兵侦搜噶尔丹军之炊烟，追踪该军移动之牛蹄、马粪。俟噶尔丹窜逃，我军应旋即追捕，重新整兵，留下步行厮役、羸瘦马匹，留滞后迟缓之绿旗兵筑垒扎寨，留置重礮，着领侍卫内大臣马思喀为平北大将军，领军追剿。[73]

待朕于克鲁伦河静候马思喀音讯时，奏皇太后书曰："我军追逐厄鲁特凡五日，见其所遗佛经、账房，所自杀妇人、稚子，及疾病之人，釜鬲、酿具、网罟、甲胄、鞍辔、衣服、食用、木器，并在釜之羹，在革之酪，尽其所有贫穷度日之物，率皆委弃。"[74]

噶尔丹自我军包围中兔脱，于昭莫多遭逢费扬古师。两军于三十余里内交战，自未至酉，鏖战四时。虽斩杀厄鲁特族逾二千人，惟噶尔丹引数骑遁出。[75] 嗣后，从降人口中得知诡谲奇说：五世达赖喇嘛圆寂九年，第巴秘不发丧，恐吓五世班禅喇嘛附和之（译按：五世达赖喇嘛即罗桑嘉措；第巴即摄政之谓，当时的摄政是桑结嘉措；五世班禅喇嘛即罗桑益喜），并假五世达赖喇嘛之名卜云："噶尔丹东行吉。"[76] 是年秋天，朕领军西行归化城，赐喀尔喀族各亲王，并亲访喇嘛庙，赐驻庙喇嘛。[77]

噶尔丹再次兔脱，翌年春，朕三度领军西行宁夏追捕噶尔丹。山西道御史周士皇奏疏："小丑已极困穷，计日就戮。请御驾不必再临沙漠。"但朕云，噶尔丹必如吴三桂伏诛，我军连番征战，疲惫已极，仍英勇请缨，朕亦曾赋诗，申明此意。[78] 宁夏总兵官王化行迎驾，并奏请行围狩猎于花马池，朕曰："今噶尔丹未灭，马匹关系紧要。宁夏兵来花马池，往来须七八日，马必疲乏。夫猎，细事耳，以擒获噶尔丹为急。今罢猎而休养马匹，以猎噶尔丹何如？"[79]

临兵接战以经验为本。所谓《武经七书》，其言火攻水战，符咒、占卜、风云，皆虚妄之说，其书甚杂，未必合于正道。朕谕臣工，若依《武经七书》其言行之，断无胜理。李光地奏曰："今习武者读《左传》即佳。"朕对曰不然："《左传》浮夸，昔人曾议之。"[80]用兵之道，惟心志如一、巨细筹谋方是。康熙三十六年初夏，远在西北黄河湾处，朕听闻噶尔丹众叛亲离、饮药自尽。朕书敬事房太监总管顾问行云："今噶尔丹已死，其下人等俱来归顺，朕之大事毕矣。朕两岁之间，三出沙漠，栉风沐雨，并日而餐。不毛不水之地，黄沙无人之境，可谓苦而不言苦，人皆避而朕不避。千辛万苦之中，立此大功。若非噶尔丹有一日，朕再不言也。"

"今蒙天地宗庙护佑成功，朕之一生可谓乐矣，可谓致矣，可谓尽矣。"[81]

五年前，康熙三十一年秋，出外行围狩猎，甫用完晚膳，传闻熊隐身于树林内乱石堆。不旋踵，朕即上马，于落日前奔驰至树林。初始，朕未呼吼、未敲击树木、未挥舞皮鞭引熊出，熊咆哮而出，入平阔之地。朕之猎手骑马趋前随之，与熊距十五二十步之遥，将熊驱至两丘间狭路。朕弯弓发射，贯穿熊侧身，直入其胃。熊扯断箭矢，箭矢裂碎，奔数步后止。朕下马，手擎长矛，领四猎手随侍，小心趋近、刺杀熊，熊倒地不起。朕谕随侍，行围狩猎之乐，从未若此次也。[82]

注释

1　**诗**　《康熙帝御制文集》，页一三〇八。

2　**花园**　高士奇，《蓬山密记》，页一。

3　**植物**　《庭训格言》，页五十九b至六十；《大清圣祖仁皇帝实录》，卷一五五，页五b；《清圣祖谕旨》，页十三；高士奇，《蓬山密记》，页一。

4　**人参**　《大清圣祖仁皇帝实录》，卷一五五，页六b。

5　**宜而哈木客**　《清圣祖谕旨》，页十七。宜而哈木客意指"花水"。见Norman, *Manchu Dictionary*, pp.291,211.

6　**青稞黍种**　《清圣祖谕旨》，页十七b。*Norman, Manchu Dictionary*, p.68。

7　**围场**　Bell, *Journey from St. Petersburg to Pekin, 1719-1722*, pp.164-171；《康熙帝御制文集》，集二，卷三十三，页十一至十六；Carroll Malone, *Peking Summer Palaces*, pp.21-24。（关于架鹰的资料罕见，但据《圣祖五幸江南全录》一书页四的记载，"总兵官蓝理进黄鹰六架"。另在《大清圣祖仁皇帝实录》，卷二七二，页十一处提及"架鹰牵犬侍卫太监"一词。张诚〔Jean-François Gerbillon〕在Du Halde, *General History*, IV, pp.309, 310, 317，尤其是p.319所搜录的信函，提到康熙有二十五至三十架鹰，各有专职侍卫照料。有关更早期的做法，可见Schafer, "Falconry in T'ang"。耶稣会士利类思〔Buglio〕论欧洲架鹰的书，乃是应康熙之请所作，详见Joseph Dehergne, *Fauconnerie, plaisir du roi*。）

8　水土　本书第六章《临终谕旨》；d'Orléans, *Conquerors*, p.107中南怀仁的信函。

9　引言出处　徐日升（Pereira）引康熙特别喜爱的用语，详见d'Orléans, *Conquerors*, p.144。

10　气候　《清圣祖谕旨》，页四。康熙提到他感觉"清闲"，而不是"委屈"。康熙的信，见前揭文，页一b、八b。

11　水果与坚果　d'Orleans, *Conquerors*, pp.105, 135, 142；du Halde, *General History*, IV, p.327中张诚的信函；"乌纳拉"，见Norman, *Manchu Dictionary*, p.416，意指"甘梅"。《清圣祖谕旨》记载之三类品种，分别见页十八、十八b；《大清圣祖仁皇帝实录》，卷一〇一，页二十。

12　茶　d'Orleans, *Conquerors*, p.139。

13　鱼　《大清圣祖仁皇帝实录》，卷一〇一，页二十；高士奇，《松亭行纪》，页九b；du Halde, *General History*, IV, p.358；《清圣祖谕旨》，页十八，康熙恭进五十尾腌渍鱼给皇太后，并送了一百五十尾鱼到各贵妃处。

14　麋肉　高士奇，《松亭行纪》，页十五b；du Halde, *General History*, IV, pp. 360, 362, 365；d'Orleans, p.141。

15　熊掌　高士奇，《扈从东巡日录》，页八b。

16　猎获动物　《大清圣祖仁皇帝实录》，卷二八五，页九b至十。

17　引言出处　前揭书，卷二四七，页十二b。

18　行程　du Halde, *General History*, IV, pp.321-322, 369-370。

19　矢　du Halde, *General History*, IV, p.359。

20　其他猎物　高士奇，《扈从东巡日录》，页二十一；d'Orleans, *Conquerors*, pp.112, 139-140；du Halde, *General History*, IV, p.379。

21　虎　高士奇，《扈从东巡日录》，页三；《大清圣祖仁皇帝实录》，卷一〇七，页九b及卷一九〇，页八。

22　豹与熊　前揭书，卷一九〇，页八b、十四。

23　黄羊　前揭书，卷二〇五，页十三。根据《实录》记载，康熙的箭不可思议地射断了拉哈里木。

24 **弩箭** 《庭训格言》，页九十。

25 **礮** 前揭书，页五十；d' Orleans, *Conquerors*, pp.123-124；《大清圣祖仁皇帝实录》，卷二六七，页十六b。

26 **直逾岩顶** 高士奇，《扈从西巡日录》，页三至四。

27 **纳哈里** 《大清圣祖仁皇帝实录》，卷一三六，页十一b、十二b、十三；Norman, *Manchu Dictionary*，"n" 与 "hari"，"ha" 与 "hada"；有关这些巡狩地区，详见《清代一统地图》，页一〇四。

28 **危险行围** 《庭训格言》，页九十七、四十九b至五十。

29 **犬** 高士奇，《扈从东巡日录》，页五。

30 **意外** du Halde, *General History*, IV, pp.365, 369。

31 **王隲** 《王大司农（王隲）年谱》，页三十六。

32 **南怀仁** Flettinger MS., fol. 2319v。

33 **穆成格** 张英，《南巡扈从纪略》，页十七。

34 **傅尔丹** 《大清圣祖仁皇帝实录》，卷二一三，页二十九b。

35 **自幼习成骑射** 《庭训格言》，页一〇六b至一〇七。

36 **祝祷词** De Harlez, *Religion Nationale*, pp.141-143。

37 **驭马** 《庭训格言》，页一〇六b至一〇七。

38 **整饬军令** 《大清圣祖仁皇帝实录》，卷一〇八，页八。

39 **出猎季节** 《庭训格言》，页七十一b。

40 **围猎之制** 《大清圣祖仁皇帝实录》，卷一〇八，页十；高士奇，《扈从东巡日录》，页五；Bell, *Journey*, p.169；《大清圣祖仁皇帝实录》，卷一八六，页十七；du Halde, *General History*, IV, p.320；d' Orleans, *Conquerors*, p.137。

41 **塞外** 《大清圣祖仁皇帝实录》，卷一八三，页二十三；卷二二七，页九b。

42 **粮饷转运** 前揭书，卷一八三，页二十四。

43 **思格色** 前揭书，卷一七一，页二十六b至二十七；《清史》，页二五七八。

44 **水之种类** 《清圣祖谕旨》，页七；《大清圣祖仁皇帝实录》，卷一七一，页二十三b。

45 **坏水** 《庭训格言》，页二十八b、三十五；《清圣祖谕旨》，页二十；《大清圣祖仁皇帝实录》，卷二〇〇，页十一b。

46 **驻营之处** 《庭训格言》，页二十b至二十一；《清圣祖谕旨》，页九、十三b。

47 **雨** 前揭文，页十四b至十五。

48 **白日长度** 《大清圣祖仁皇帝实录》，卷一五五，页六b。

49 **观测立小旗** 前揭书，卷二六七，页十六；测日晷表，前揭书，卷一五四，页四；星图，见d'Orleans, *Conquerors*, p.116。

50 **星宿** 《大清圣祖仁皇帝实录》，卷一三九，页三十一b至三十二。

51 **地理** 前揭书，卷二六七，页十七。

52 **食物饮料、行师征战** 前揭书，卷一七四，页二；挽车之人，前揭书，卷一八三，页二十四；随营贸易之人，前揭书，卷一八三，页二十四。

53 **商贾之人** 《圣祖亲征朔漠日录》，页六b。

54 **奖掖** 《大清圣祖仁皇帝实录》，卷一七三，页三十二；《圣祖亲征朔漠日录》，页三。

55 **马** 《大清圣祖仁皇帝实录》，卷一七一，页二十九，有这类谕旨；《庭训格言》，页二十一、三十三b至三十四b；《清圣祖谕旨》，页四b。

56 **行为举止** 《圣祖亲征朔漠日录》，页二十五b；《大清圣祖仁皇帝实录》，卷一六九，页二十b至二十一；卷一七四，页三。

57 **康熙亲征** 《庭训格言》，页三十三b至三十四；《大清圣祖仁皇帝实录》，卷一七一，页二十八；高士奇，《扈从东巡日录》，页三b；《圣祖亲征朔漠日录》，页四。

58 **引言出处** 《大清圣祖仁皇帝实录》，卷二一七，页二。

59 **百姓** 《圣祖西巡日录》，页九b；高士奇，《扈从西巡日录》，页一。

60 **老将** 《庭训格言》，页一〇四；《圣祖亲征朔漠日录》，页六；《大清圣祖仁皇帝实录》，卷二一四，页十。

61 **射箭** 《圣祖西巡日录》，页十一、二十。

62 **柴薪** 《大清圣祖仁皇帝实录》，卷一一五，页二十四。

63 **操练"硬弓"** 前揭书，卷一五一，页十四b；卷一六〇，页二十五b；"鸟枪"，前揭书，卷一五六，页十九b；左右开弓之本领，前揭书，卷一一七，页十六。

64 **武举科考** 前揭书，卷二〇一，页二十。康熙三十九年，武举科考时，康熙自谓："朕亲试武举已经十二三次。"以本次武举应试者最优。

65 **行军** 《庭训格言》，页三十四b至三十五。

66 **天花** 前揭书，页二十五。另见Wong K. Chimin and Wu Lien-teh, *History of*

Chinese Medicine。

67　**习水性**　前揭书，页二十八b至二十九。

68　**边疆**　《清圣祖谕旨》，页四b、六、八b，康熙三十六年亲征噶尔丹时写给太监顾问行的所有信函；《大清圣祖仁皇帝实录》，卷一四一，页二十二b至二十三。

69　**后勤补给**　前揭书，卷一六八，页十五；卷一六八，页二十；卷一六九，页八。

70　**军令**　前揭书，卷一六九，页二十至二十四。

71　**伐噶尔丹之众议**　前揭书，卷一七二，页五b（Ahmad, *Sino-Tibetan Relations in the Seventeenth Century*，书中指出有关这次战役诸多迻译的西藏数据），以及《大清圣祖仁皇帝实录》，卷一七二，页十三至十九的争论。

72　**噶尔丹的个性**　前揭书，卷八十三，页十八b；卷一七一，页二b；卷一七二，页二；卷一七二，页十八b。

73　**追剿噶尔丹**　前揭书，卷一七二，页十六；卷一七三，页一、十b、十二、十三b、十七、十八。

74　**引言出处**　前揭书，卷一七三，页十九b。

75　**昭莫多**　前揭书，卷一七三，页二十六至二十七。

76　**达赖喇嘛**　此处情节之大概，前揭书，卷一七五，页五至十四；康熙不清楚五世达赖喇嘛圆寂与否的可能解释，见Ahmad, *Sino-Tibetan Relations in the Seventeenth Century*, pp.44-53。是时，五世达赖喇嘛实际上已圆寂十五年了。

77　**二度亲征**　《圣祖亲征朔漠日录》，页八b至十一。这份史料可以补充《大清圣祖仁皇帝实录》，以及Ahmad, *Sino-Tibetan Relations in the Seventeenth Century*, pp.310-323，所翻译的中、藏文件。

78　**三度亲征**　《大清圣祖仁皇帝实录》，卷一八○，页六b至七。

79　**总兵官王化行**　前揭书，卷一八一，页十三。

80　**《武经七书》**　前揭书，卷二四三，页十七至十八。

81　**噶尔丹之死**　详见"附录一"康熙寄太监顾问行的信函，以及《故宫文献》，第二卷，第二期，页一二九，给曹寅奏折的朱批。另可参考《大清圣祖仁皇帝实录》，卷一八三，页七；*Eminent Chinese of the Ch'ing Period*, pp.267-268；《清圣祖谕旨》，页六b至七。

82　**熊**　Du Halde, *General History*, IV, pp.365-367，张诚在信中的描述。

第二章

治

Ruling

挽总督赵弘燮 [1]

四十余年抚近京，旗民称善政和平。

保全终始君恩重，奄逝悲凉众涕盈。

不畏习顽持法纪，久司锁钥务精明。

官方仍在归泉壤，节钺空悬揽辔情。

——玄烨　康熙六十一年

生人杀人，乃皇帝之权力。皇帝当思，命官有过改之，犹如琴弦断后可再续，然处决之人，则难死而复生。[2] 皇帝亦应知，可以刑化德。康熙二十二年（1683），攻克台湾之后，朕命讲官进讲《易经》第五十六卦"旅"卦，象辞曰："山上有火。"君子以明慎用刑，而不留狱。朕以为明慎用刑，即是刑期无刑之意。[3]

胡简敏乃太常寺少卿，胡氏一门，济恶江南乡里，霸占民人妻女田产，诬良为盗，致毙人命。穷黎小民告发，巡抚洪之杰不能速行审治，刑部衙门议覆亦仅判胡简敏革职，流徙三年。朕传谕，决将胡简敏一门严加处分，正法治罪，以昭不法绅矜、积恶豪强炯戒。[4] 刑部衙门议，船厂"拨什库"（编按：清代八低级军官名，又称"催领"）雅木布凶恶健讼，拟斩；朕同意刑部之议，命侍卫武格前往监斩，并传谕自将军以下至兵丁，俱令摛甲跪接圣旨，曰：船厂风俗甚坏，如不再悛改，即与雅木布同罪。[5]

战时，或有怯懦及抗命者，即正法治罪，断无宽宥。康熙十四年湖北一役，逆贼陷谷城，宁南靖寇大将军勒尔锦疏报，副将马郎阿退奔；贝勒察尼密奏此议属实，朕命斩马郎阿。数月之后，副将贾从哲、游击张元经，于陕西临阵逸逃，朕命军前斩贾、张二人。康熙三十六年，思格色违旨抗命，竟不到丹津鄂木布告知噶尔丹之死，招与俱来，朕着思格色立斩。（然朕未接受兵部、理藩院会同三法司之议，将思格色立斩示众。）[6]

据大清律例，凡叛逆者应处以凌迟之刑。刑部议处，朱永祚附从一念和尚，擅称大明天德年号，又妄题诗句，蛊惑人心，应立斩。然朕着凌迟处死。朕亦着王士元凌迟处死。盖王士元假冒朱三太子，妄称伊系明国祚继承人，朕将之处以极刑，旨在以此案为炯戒，杜绝先前三番两次假明太子之名，擅惑人心谋反。伊拉古克三呼图克图遣细作至卫征喇嘛家，意欲迎噶尔丹之兵入中国，并与噶尔丹密谋反叛大清，东窗事发被俘，解押至京。朕命诸王以下、蒙古王、文武大臣官员、喇嘛等集于黄寺，磔诛伊拉古克三呼图克图。朕亦传谕，带噶尔丹骸骨，于京城外悬挂示众。逆贼吴三桂骸骨则分发各省，耿精忠及效命吴三桂麾下之十名将领，皆凌迟处死。[7]

然除诸如此类谋逆之罪外，若有斩立决者（即便春天不应执行处决者），或于立储之争，[8]密谋反叛朕而毋须经由审讯立斩者，朕一律矜恤保全。朕每理秋审之事，无一不竭尽心力而详审之也。朕幼年于田猎时，但以多杀戮禽兽为能，年岁渐老后，行围所圈乏力之兽尚不忍射杀。[9]

时值"三逆"衅叛华南，杨起隆及其党羽作乱京城，满军严加追缉，致令京城小民惊恐，迁移逃避城外西山处所。朕即传谕暂闭城门，以防京城空虚，其余党羽概从宽免缉，实乃杨起隆诈称朱三太子，潜谋不轨，煽惑愚民。俟战况蔓延，据报有百余名"土贼"猖獗，官兵会同剿灭，俱各斩首。[10]朕谕兵部，传令带兵将领，宜行抚安：

"凡陷贼地方，皆我赤子。今者诘尔戎兵，四征不庭。原以除暴安民，念愚氓被胁截发，特一时贪生畏死之恒情。若大兵所至，概行诛戮，非朕救民水火之意。百姓无由自新，狡贼反得借以煽诱。嗣后大兵进剿，有乡民持械拒敌，及窃踞城池山寨，不即迎降者，乃行诛戮。其余概从宽免，至剿杀贼徒，自应俘其子女。但贼营妇女，多系掳掠胁从。破贼之后，凡所掳难民子女，许民间认领，不得一概妄收。尔部其传谕满汉官兵，咸体朕意。毋忽。"[11]

惟战事既平，朕才闻知另有无辜黎民：战事一起，朕谕令出征大兵"昼夜驰行"，以致纤夫死者甚多，深轸朕怀。[12]

世间事甚不如意者，莫过于决断秋审一事。犯案招册虽于秋季经刑部审查，大学士复阅，仍不免有字句错误之处，甚或数段讹误。此皆人命案件，关系最重，不可怠忽。朕自然无法一一详阅案件，然朕每每阅读宫中各年名册，逐一核实人犯姓名，或官、或民、或兵，某处人、某旗佐领下人，缘于某事，并与阁臣参酌，商定赦免人犯。[13]

要诀不在于舍"情实"之罪，而将故杀者改判"缓决"；应详察杀人之"情实"，蛛丝马迹推敲犯案动机及所处之境。[14]再者，断案亦不能端赖审视凶器一途：陈汝咸向朕条陈，应照宋时《洗冤录》（译按：根据《四库全书存目丛书》编纂说明，《洗冤录》乃世界最早的法医学和刑事检验学名著，后世办案，奉《洗冤录》为金科玉律）之说，除枪、刀、弓箭、铜铁等凶器外，木棍虽足以致死，俱不作凶器。朕对曰："夫人命事件，有拳殴、脚踢、木棍殴打致死者。若酌凶器轻重，定罪之轻重，则事必致舛错。如针乃最微之物，将针刺入致死，岂可因针非杀人凶器，而免其罪乎。"[15]每年朕必详阅人犯招册，朕尝于某回审案期间，于人犯六十三人中，赦免十六人。又于某审案期间，于人犯五十七人中，赦免十八人。后朕又于某审案期间，于人犯八十三人中，赦免三十三人。[16]依朕之见，如康熙三十八年三起夫杀妻案，迥然有别。明辉好酒，其妻劝阻，以斧断其指，又乱殴之。后妻因家务细故，而被明辉戮死，此岂可宽宥也？保儿怒妻之骂其父母，杀之；孟启正之妻，以不善事其夫，更出恶言，砍之致死。此皆非故杀也，或可从轻量刑。[17]但亦有罪无可恕之案。如朱尚文以小嫌隙，杀其母舅之子。但朱尚文已六十七岁，朕矜恤其老迈，缓其死刑。[18]海宇升平之时，照例即斩之罪亦有可悯之处：刑部原奏，偷盗随驾人员马匹之贼范崧，拟立斩。然朕思天下承平之时，兵革不兴，从宽免死范崧，改判流徙黑龙江为奴。[19]

惟见其善而不见其恶，人之美事。若好疑惑人，彼之疑心益增。丹济拉来降之时，朕即诚心相待，使其进朕帐幄内，旁无一人，并与伊刀切肉食，无视丹济拉乃噶尔丹之侄，尝于绝望臣服前，携噶尔丹骸骨奔脱入藏。嗣后，朕赐封丹济拉亲王衔，彼终身奋勉尽力。[20]俄罗斯人于北疆诛杀我朝子民，时值雅克萨初次围城之际，朕仍谕令赐俄罗斯囚新衣，将之释放。嗣后，康熙二十六年二次围城时，朕亦传谕太医诊治俄罗斯病人，将之遣送返乡。职是之故，三十年后乌梁海小民不战而归顺朝廷，彼仍谨记我朝对俄罗斯人宽仁以待。[21]昔王师平蜀大破逆贼吴三桂军，掳助吴三桂之苗人三千，朕谕令三千苗人尽释，遣归云南；日后吴三桂孙吴世璠欲遣苗人以拒我师，苗人不肯从之。实乃苗人之犷悍，不可以礼义驯束，宜若天性然者。一旦感恩怀德，即不忍背叛主上。云南贵州总督蔡毓荣疏言，请禁苗人携藏兵器，并不许汉人售予铅、硝、硫磺等货，朕拒其所请。苗人全赖弩弓、长枪，捕猎以维生计，概行禁止，则苗人俱失其生业。治民惟在所司官，悉心抚绥。[22]此外，尚有如何将小民火器没入官府之疑，诚如朕尝斥喝工部侍郎穆和伦收取山东百姓火器之议。[23]

群臣进谏，不宜令水师提督施琅统兵取台湾，彼人尝臣服明朝于叛军郑成功，若朕交付战舰、兵丁，施琅势必起兵谋反。然前汉军水师提督万正色尝上奏，台湾断不可取，朕传令施琅觐见，面谕曰："举国俱云，汝至台湾必叛。朕意汝若不去，台湾断不能定。汝之不叛，朕力保之。"施琅不旋踵即攻克台湾，公忠体国。施琅其人粗鲁武夫，未尝学问，度量褊浅，恃功骄纵，但善于用兵；施琅两子施世纶、施世骠亦悉心侍奉朕。[24]

三藩之乱后扫荡华南，朕即拔擢前吴三桂部将六人，遣其携招抚敕书，立于主将阵前；凡革面输诚者、泄漏军情致逆贼受擒者、幡然悔悟领兵来归者，概既往不咎。投诚将领可按原品支全俸；宜昌阿得语言明晰、洞晓贼情者二人，朕命其驰驿来京，俾以探询。此外，朕亦一一详察家属滞留贼区之官员：有无辜受牵连者，有因族人施迫从而附和逆贼者，有因反抗而受诛连者；亦有心切归诚，系念妻在滇，不忍分离者，朕许其一面密通声息，一面撤兵回滇潜为内应。[25]

耿精忠虽于康熙十五年九月来降，尚之信于康熙十五年十一月输诚，吴三桂亦卒于康熙十七年八月，然余孽党羽仍负隅顽抗，叛逆犹未靖安。吴三桂之师由其孙领兵，仍作困兽之斗，耿精忠、尚之信犹有谋叛之虞。然康熙十九年春，和硕康亲王杰书上奏，祈请诛杀耿精忠，朕期期以为不可，谕之曰："朕思凡行一事，必前后计虑，果有裨于国家，始可举行。若轻率妄动，必致舛错。今广西、湖南、汉中、兴安等处，俱已底定。逆贼余党，引领以冀归正者，不止百千。若将耿精忠即行正法，不但已经投诚之人，以为后日亦必如此声明其罪。即未投诚之人，睹此寒心，亦未可知。"

职是之故，朕一方面谕杰书令耿精忠来京，一方面遣宜昌阿假"巡视海疆"之名，赴广东密察尚之信。[26]康熙二十年十月，定远平寇大将军章泰疏奏捷报，吴逆余孽一一严惩：云南省城陷落，吴三桂之孙吴世璠自杀。郭壮图及其子郭宗汾皆自刎死。胡国柱自缢，王叙、李匡皆自焚死。吴三桂之伪大学士方光琛及其子方学潜、侄方学范，拉至军前磔之；其余众将俱斩于军前。吴三桂之婿夏国相随吴世璠首级押解京师。[27]三藩之乱终告底定，朕谕令将耿精忠及其族人处以极刑，其余罪无可赦之叛将一一伏诛。[28]

各方纠劾纷至沓来，然朕反复重申，不得将牵连叛乱之人一概尽诛，应令其放回原籍，以示宽典。朕更拒臣工疏言：将谋逆之属下皆罢黜回京，或不许其子弟亲戚仕宦应试；朕甚至以为，如遇"旗"下悬缺者，许尚之信、耿精忠之从属将官入旗补缺。[29]

历八年兵燹之劫，苍生涂炭，今乱贼虽已荡平，寰宇大致底定，然疮痍尚未全复，朕坚拒臣工奏请上朕功德尊号。盖三藩之乱实因朕之误判形势而起，朕断不诿过他人。朕讵料俟准吴三桂撤藩之请，彼竟于康熙十二年背恩反叛。朕更未虑及吴三桂伪檄一出，各省兵民相率背叛。朕撰文明志，遣大学士勒德洪于大捷之冬，至乾清门昭谕九卿等。九卿等当明白朕之德泽未孚，断无接受尊号之理，况且胜捷乃出于朕之谬误决断。朕亦无意诿过他人，虚名居功。对此，朕令勒德洪转谕九卿等，康熙十二年夏，惟有莫洛、米斯翰、明珠、苏拜、塞克德等景从朕削藩之议。彼等之倡言，仅更坚决朕之心意，而非误导朕。俟吴逆四方骚扰，群臣乃建言，应将倡议撤藩之五大臣，尽行诛戮。曩昔朕未究责这五大臣，今后亦然。谋乱弭平后，先前踯躅摇摆之议政大臣，于是日清晨，仍跪拜乾清门前听勒德洪宣谕。朕断不容大臣等再有洋洋自得之意，彼等之先见未必高于朕。[30]

议政王大臣会议虽不表苟同朕撤藩之见，但朕心意已决，愿放手一搏。若我等调度合宜，严阵以待迁移南方三藩王一事，三藩王或许别无选择，惟能俯首听命于朝廷。对此，朕自京师差礼部左侍郎折尔肯、翰林院学士兼礼部侍郎傅达礼往云南，与吴三桂商议削藩撤兵之事；朕另遣户部尚书梁清标、吏部右侍郎陈一炳分赴广东、福建，与尚可喜、耿精忠折冲迁移事宜。[31]朕谕兵部、吏部，诸藩官兵既撤，经略需人，应设专员料理南方。朕另谕户部，丈量估算各官兵家口安插满洲地方所需田地房屋等项。朕虽不能逆料三藩谋反，然不思警戒而怠惰亦为愚蠢至极。朕准明珠奏请，每一佐领整编为一百三十人左右，俾以迅速调动兵丁。朕亦听从股肱大臣建言，于防御重地、通衢孔道发兵驻防，秣马以待。朕差满人户部郎中席兰泰、兵部郎中党务礼、户部员外郎萨穆哈、兵部主事辛珠，一组四人，各各皆精通骑术，密切观察折尔肯、傅达礼，及吴三桂款待折、傅二人之礼。[32]

萨穆哈、党务礼[33]闻知吴三桂谋反，星夜驰驿到京，应对之策至为明显——即差遣英雄硕岱，兼程前往扼守荆州，拱卫长江。硕岱乃我父皇随侍，尝斩杀残暴的素尼。[34]遴选具皇族血统之人，或胆识过人的勇士，膺任将领，势必能望风披靡。朕赐伊等黄袍马褂、黄金甲胄，向神灵祝祷，亲赴城外隆重送行。[35]然年复一年，朕目睹伊等贻误军机、迟疑瞻顾，或率大兵闲坐帐幄，未尝前进寸步。[36]朕不得不起用汉人叛将扭转颓势，纵使令汉将凌驾满人之上亦在所不论。[37]

三藩作乱，朕虽日理万机，内则持心坚定，外则示以暇豫。每日出游景山骑射。盖因满洲兵俱已出征，余者尽系老弱，遂有挟怨不法之人，投帖于景山路旁，内云："今三孽及察哈尔叛乱，诸路征讨，当此危殆之时，何必每日出游景山？"朕若稍有疑惧之意，则人心动摇，或致意外亦未可知也。永兴被困之际，信息不通，朕心忧虑现于词色。都统毕立克图即以太祖太宗之名，责朕怯懦。[38]康熙十八年，时值战况胶着，朕之益友翰林院掌院学士喇沙里[39]溘逝，太和殿毁于祝融，地震摇撼京城，朕心怀不畅、身体抱恙，遂至无法进食，太皇太后命朕住南苑颐养。[40]

三藩兴乱伊始，朕未纳大学士索额图之乞奏，将倡议削藩而招致衅叛之人正以国法；及至三藩之乱将歇，朕亦罢魏象枢所请，速杀大学士索额图及其族人，纵使索额图之议荒谬绝伦，且与其族人恃权谋私，积累巨富。魏象枢乃高风亮节之大臣、御史，朕尝谕之曰："道学之人，果如是挟雠怀恨乎？"[41]又李光地、汤斌、熊赐履，皆讲道学之人，然而各不相合。

今世自谓"儒者"之人，往往空疏不学，又岸然自负；好讲理学之人，宜言行相顾。纵使我朝贤能大员，亦难免疏漏之处。李光地居官甚佳，惟包庇汉官，每每参劾"汉军"，然汉军不全然尽劣。再者，李光地行事专信门生，常为其所诓骗。凡满口道学之人，李光地即不疑有他。彭鹏忠心耿耿、骁勇善战，任职三河县时，辖区有贼，即披甲跨刀亲往擒贼。然俟其勃然大怒，辞气不胜乖张，粗戾至极。赵申乔居官洁身自爱，赴任时，家丁仅十三人，并无幕宾。但赵申乔为政好兴诉讼，小民多受其累。施世纶操守果然清廉，但遇事偏执，循袒百姓。若百姓与生员诉讼，施世纶必庇护百姓；若生员与缙绅诉讼，施世纶必庇护生员。直隶学院杨名时为官亦然。科考取士之时，但系富室之文字，虽好，断断不取；倘贫寒之人，文意粗略，即取之。[42]张鹏翮乃朕赏识之人，对他亦不次拔擢，历任要津。但张鹏翮所奏章，昏聩至极，朕着将朕之谕旨，及张鹏翮所奏，一并刻示于淮安、扬州、泗州、盱眙等处，令众人观看。盖因张鹏翮谓，黄河水消，全赖河伯显灵。然究其缘由，实因黄河上游，六个月滴雨未降之故。

朕每每究责张鹏翮徇庇汉人，对旗员不假好言，张鹏翮总是无语以对。[43] 朝中要员之恶习，莫过于保举人员，非系师友，即属亲戚，此皆汉人承袭已久之陋习：自古汉人结为朋党，各援引同党之人，以欺其上，习以为常。今观旗员，亦各自结党营私，其中尤以于成龙最为强盛。素来忠诚之满人，亦濡染恶习，无视其声名狼藉，惟荐举本旗之人，而不愿协力汉人。[44] 正阳门外祝融起，此系汉官所居之地，纵使朕亲临登城指挥，扑灭火势，满人要员亦置若罔闻，袖手不顾。[45]

职是之故，凡条奏参劾之事，朕必留心。盖参劾背后，往往系党同伐异之争，一造为汉人，一造必是汉军；或者一造系汉人，一造必是满人。护国良将突然以规避畏缩、无甲推诿不战之名而遭弹劾，实不难理解目标另有其人——或提拔之人，或有关亲谊者。有总督题参某人门生，而该总督辖下全省官员，突然俱遭参奏，显见此系怀挟私仇以报怨。[46]

天下官员之多，朕何其能一一周知，惟赖左右大臣臧否，或言官纠弹。但若有结党徇私之情，朕自应亲临调查。如总兵卓策、许盛居官最为贪鄙，朕闻其军民皆怨，乃为惩治。然之前未有耳目之官弹劾卓策、许盛二人。[47] 山西、陕西官员顽劣，朕恨之更胜于噶尔丹。巡抚温保，自奏其居官甚善，万民称颂，欲为其树碑。然据朕详察，温保治下庶众，无不愿食其肉而怨讟之。[48] 有此弊端，实为上下相隔,不能通达之故。曩昔,朕不时巡幸山东、浙江、江南,官员皆知勉力,操守俱优。

皇帝因官员陛见、巡幸或批览奏折而耳目畅通。朕御极之初,即想方设法杜绝泄漏国家重大机密。[49]朕必亲览奏折,凡所批朱笔谕旨,皆出朕手,无代书之人。若右手病,不能写字,便用左手执笔批旨,断不假手于人。朕亦反复推敲,奏折是否为寄书人亲撰,如贵州巡抚刘荫枢等,年老目昏,难以恰如其分书写奏折。[50]或有朕谕令以满文撰书奏折者,然提督李林盛自称年衰目昏,力有未逮,能否请人代书满文,因其"清字之文理不通,如令人代缮,臣既不谙其中深义,诚恐词语失宜"。朕谕之曰:"此汉文亦未必尔自能作也!"[51]自然,亦有滥用密折之权者,如给事中莫罗、雅齐纳,并无紧要之事,每每托辞密折,欲独行进奏。朕以向来起居注官,从不必回避密奏之事,因令近前侍立,以听莫罗、雅齐纳所言,自此彼等遂不奏一事。[52]

在外官员来朝陛见,可抑其骄纵之气。朕自然无法俱令在外提督、总兵官或地方要员来京,但着边疆提镇常来朝觐见,关系甚重,惟因其久据兵权殊非美事。如吴三桂、耿精忠、尚之信等辈,亦以不令来京陛见,不知敬畏,心生骄妄,以致反叛。边陲将士,惟知其统辖之主,不习国家法度。曩者,朕尝降敕于广西将军马承荫,马承荫跪受。其下属皆惊曰:"我将军亦跪人耶?"朕由是观之一斑,自此不令人久擅兵权。朕亦可在群臣陛见获悉各种隐情。朕令忠心不二或略有听障之官员,紧挨朕旁而坐,彼等自能轻声细语直言不讳,朕记下朕之答复。朕亦可质问涉及欺瞒、曲解之事,有时朕亲手书而志之,俾以嗣后参详。[53]

巡幸时,朕必与黎民百姓攀谈,或受其申冤,借以周览民瘼。于北游之时,朕每令小民论断官吏,访视民房,闲话农稼收成。[54]南巡时,朕受理多起投诉:有常熟县山人杨子岳妻,叩阍具告翰林院赵征介倚势冒认伊夫为仆。崇明县民郁登先叩阍海关额外苛征钱粮。有灵古寺僧请重兴复旧寺庙。有湖州民人潘云琯因领乡绅本银二百两,往来贸易途中被劫,朕怜其穷苦,赏银四十两。[55]但若系匿名飞语谤讟,朕便不受理。若隐其姓名,实难当面对质。[56]倘有愚蠢至极之诳言妄语,朕亦不予理会。在杭州,有人颈系诉状,朝御舟游来,高呼其受天下第一等恶人欺压,朕仅令近侍问之曰:"谁乃第二等恶人?"[57]

朕向来待大臣体恤包容,不分满汉。[58]朕断不许诸臣议政时状若傀儡,[59]唯唯诺诺,默无一语;朕亦不容九卿于奏折之中,长篇大论引宋儒之贤,而言不及义。[60]然满人汉人之性,实乃迥异。满人坦率,汉人以喜怒不形于色为尚。满兵剽悍,临阵骁勇,远胜汉军,且善待奴仆、马匹。旗籍翰林,所学皆好,不减于汉人;但仍不免骄纵,如公然骑马直入衙门,或妨碍审理诉讼,但亦毋须如漕运总督邵甘之申辩,因其系满人而为众所忌。满人侍郎沙赖嗜酒好赌,降级留任。军卒纵酒酣饮、嗜赌如命,满人王公亦不遑多让。昔韩菼管翰林院事务时,即耽湎饮酒,膺任礼部尚书亦不稍加检点,致令翰林院官员以饮酒宴会为乐,对弈嬉戏。嗜酒赌博乱人心志，损人体魄，致令败家破产，无分贵贱。[61] 诚如邵雍所言："阳奇阴偶之数，阳数少而阴数多。是以凡物皆好者少，恶者多。人亦从善难，从恶易。"[62]

对皇帝而言，要能抗拒过誉之言盈溢于耳，誉言犹如服"补药"，无益身心；此等陈腔滥调、粉饰浮词，如画饼充饥，无济于事。[63] 康熙十九年，朕始与讲官库勒纳、叶方蔼、张玉书切磋《易经》，三日通书读罢每一卦义理。四年后，朕又通读一遍，始知讲官何以将《易经》首卦"乾"卦、第六爻"亢龙有悔"一节，注在"不应讲"之列。辞曰："亢之为言也，知进而不知退；知存而不知亡；知得而不知丧。"朕谕讲官："天道人事，亢则有悔。易中所言，无非此理。正宜此为戒，不必避忌。以后系辞讲章，不分应讲与不应讲，俱以次逐节进讲。"[64] 在进讲"丰"卦时，朕即通晓"日中则昃，月盈则食；天地盈虚，与时消息。而况于人乎，况于鬼神乎"之理。

丰卦第三爻论及，晋用庸才之人，致令能者难以施展。[65] 故尔等当留心记之，赏善罚恶须适度。恣意施恩，必致狂妄放纵，惹是生非，将所行是处尽弃而后已。若远置之，又背地含怨在心。[66] 据此，太监钱文才殴死小民，朕谕令处以绞监候，勿令幸免。盖太监原属阴类，其性情与常人不同。有年已衰老，而言动尚若婴儿。是以朕从不令太监干预外事，即朕御前近侍之太监等，不过左右，纵使与之家常闲谈笑语，但从不与谈国家之政事也。明季内监至十万人，但今宫中不过四五百人；且止令洒扫奔走之役，一颦一笑，从不假借。所以数十年以来，太监皆极贫乏。明季太监骄奢跋扈，委之阅览奏疏。盖因奏疏多一二千言，每日积满几案，人主岂能尽览；而太监复又将之委于门客，奸弊丛生。[67]

凡人能力有其限度。平阳知府秦堂，在朕前妄自矜负，毫无敬慎之状。朕问之曰："彼奏以一日可办七八百件事。朕临政四十余年，惟于吴三桂变乱之时，一日常办事至五百余件。然非朕亲自操笔批发，尚至午夜始得休息。彼欺他人则可，岂得欺朕耶？"用兵之时，一日三四百本奏章，朕能悉心亲览无遗者，止四五十本而已。阅览奏章何难之有，一切但求不可有懈慢之心也。[68]奏章内容力求巨细靡遗，以弥补皇帝无能躬亲一一详察之失。康熙十四年，贝子傅喇塔疏奏："贼粮匮乏欲降。"朕谕之曰："前以地远，不能详悉贼情，故令尔将情形具奏。尔宜将水陆贼垒，地方形势，贼将姓名，及我兵所驻形势，可否进战，一一详报。将此等略而不言，但云贼粮匮欲降，殊未明悉。着再详报以闻。"嗣后，傅喇塔将军才疏言，贼将有伪都督曾养性、伪将军祖弘勋，其下有伪总兵八人，兵马六千，南自长石岭、北至三江，迤逦数十里，连屯二十五个营。领水师者，贼将朱飞熊、伪都督张恭万、许英，其下有伪总兵四人，水师万余，舟三百余，泊于城东十里许小梁山下。[69]

凡处理河务，不外乎疏浚及筑堤二途，此尤须不惮劳烦，屡屡巡阅。以大运河漕米为例，河工实与米价波动、河水倒灌泛滥田地诸事息息相关。职是之故，朕不仅罢黜治理河工之官宦，亦亲临督导于成龙、张鹏翮之良能大员。朕亦不时亲自巡阅河道，遣亲信大臣绘制河图。[70]

　　迨奏折体制完备，巡抚张伯行疏奏，盘获海贼蔡顺等大鸟船一只，上载绸、人参、金银。朕谕张伯行："既以具折奏闻，当明白写来。盘获蔡顺等大鸟船，不知自南来北往哪处，人皆无凭据，再确定时具折奏闻。"[71]十年后朕才明白大鸟船乃自福建、浙江造成而来，于六月到天津，候十月北风始回。为探查海贼虚实，自是不能仅听官员一面之词，但可亲自审讯海贼。朕便询问投诚海贼陈尚义，据此得知如何切断海贼船队，拒海贼登岸，阻海贼购买米粮火药。另可绘制海贼窝藏各岛之图，将之围困于岛内。岛内树木不生，不可耕种，亦无好水。此时，海贼即是陆贼；迨至冬月，海贼势必倾巢而出上岸。或可令亲信大臣招募谙练精壮亲丁，如广东提督施世骠及其麾下百名闽省兵丁，严防口岸、出海哨探。或可令地方总兵官造铸精良火器，地方所使火礮虽不若宫中内造者，但其摧锋克敌之效，优于仅可号令声威之"马蹄礮"。亦可招抚海贼委任其事，或自受缚之贼寇中择一二紧要者充当游说之人，前往招降海贼。或者命人坐商船前往，打探海贼所经之路。但广东武官，使兵丁假冒商人，出洋缉盗。此致令误以商船为贼船，妄与之交战者有之。此乃未尽善之法。[72]

　　朕所闻之扫靖海贼之法，率皆空言无补：有谓商船宜改为平底船，只用一桅者，或商船随船带军器火药。提此奏议者，必不知商船重载，入水数尺，方能压浪；即便武装，一遇贼船，商人并不敢抗贼。[73]但若军器火药精良，海贼自然不敢造次，逃之夭夭。

海贼陈尚义告诉朕，伊等出海行劫，避西洋船只，惧其火器，不敢逼近。[74] 当然，自当辨明海贼类型。朕深知，为祸之海盗，确非惯贼。其皆贸易之人，资本亏折，转而肆行抢夺。诚如施世骠所奏，或有一二"宵小"，乘便抢夺渔艇，飘出外洋，夺换商船。然彼乃零星孤舶，潜逸外洋，非有成群巨舰，敢横行妄为也。职是之故，当委实盘查，承平之时亦无例外。[75]

诸如此事亦见诸私盐枭徒：诚如总兵官师懿德之奏报，私盐枭徒系山东、河南无业游民，流入江北产盐之区，勾引本地匪类。每一盐头名下聚领一二百人，或六七十人不等，大伙持械在于江面船载，由三江营等处运卸，以车推担挑，各处成群贩卖。师懿德建言，或可差小船昼夜巡缉，追查私贩踪迹，将其同伙一网打尽。[76] 然南方各省矿徒之督管，更形棘手。广东矿坑甚多，迨山矿封禁之后，盗矿之徒不能尽绝，其间或无所得而就近抢夺衣食者有之。彼等或窝藏矿坑隧道内，或裹胁商人庇护。其类有二，一为外地流入者，曰"飘马"，一为本地游手好闲者，曰"土马"。飘马非土马，无以知地方之地理形势，土马因飘马之合股，更以添党羽而妄行。及至官兵追捕，则飘马潜至外境，土马仍混良民间。追索盗迹非得多方购线密访，但治本之道，惟禁绝开采新矿，便无后续之患。[77]

朕以为各省之人，其性各有陋习：福建人性浊好勇，文人亦能舞藤牌挑刀。秦人（即陕西人）强悍，好互相杀害，风俗甚恶。山东人性多偏执，好胜挟雠，轻生为盗者颇多。喀尔喀蒙古，其性无常，且不知足。勿多与之物，日后不继，反招其怨。故应节其施予，酌量行之。山西风俗过于悭吝，虽极殷实，亦不顾贫寒之亲友。即客至，亦不留一饭。怂恿饮酒、赌博，罔行浪费，厥为恶习。江苏地方繁华，人心不古，乡绅不奉法者多。朕夙闻东南巨商大贾，多系山西人，实乃不足为奇。[78]

然吾人亦不应以偏概全。如福建浙江总督朱弘祚于大计疏内有言，闽省地瘠人佻；或张德地署理延绥巡抚时，曾奏延安边地，并无可举博学宏词之人；或詹事邵远平奏，南方之人，皆轻浮不可用。朕以为贤才不择地而生，虽深山僻地，岂无人才也？[79]

康熙三十三年，朕警觉科举之法不当，致令人才遗漏。武闱试录，中举者多江浙人，山西、河南两省各中一人。武进士之文，不过熟记成语，抄写旧套而已。是故应以马步箭俱优，人材出众者为佳耳。西疆各省壮健者，咸欲投军，但江南、浙江之兵俱懦弱，本身衰老，子弟代充，所以懦弱者众。[80]

但及第者亦不乏贪渎之辈；或对文义常茫然不得其解；或于地方民情毫未通晓；或惟以能背诵五经者即取之，而不依例考取文字；或因地缘之谊而取人；或择才不依其贤，所取者尽属贫寒。[81] 凡文章书法各有所习，从中或可辨析南方人、北方人之作；但举人考试，试卷皆为弥封，何能预知应试者贫寒也？纵使翰林官员，亦或有不善书法者，或有不能撰讲章者，或有不能句读通鉴者。汉军官员多由捐纳起家，朕特举行考试以决定去留。其中或有私藏怀挟，或缴交白卷者。或有代行考试者，或有假冒名额较多省籍者。对于后者，实可轻易辨识。朕悉通晓十三省语音，观人察言即可分辨省籍。[82] 其余弊端，尚可杜绝：如命侍卫严加监试，由朕亲自阅卷——纵使乘御舟巡视河工，若诚属必要，朕亦可如康熙三十九年覆试一百八十三名中试举人，将之分为四等第，择优参加京师进士会试——或如二十二年前特开博学宏词科之时，于霸州考棚内亲自批览试卷。在少数翰林官员之助，朕可于考试前详察出试者；或由朕朱笔亲撰试题；或着应试者入畅春园考试，由大臣亲眼监试。据此，朕即能辨识应试者能否识得满文，或诗文是否由应试者亲作，并于考试后由朕亲临面试。[83]

若为贤良之才，自应简拔任用，不次拔擢，甚至入翰林院为官，而毋须虑及其出身品第：如数学家梅穀成、明安图，音韵学家王兰生，经学大师高士奇，书法家励杜讷。[84] 此外，朕亦遴选翰林院超拔之士，下放各省膺任巡抚之职，如王度昭、张伯行、陈元龙等，俱为康熙二十四年进士。[85]

康熙五十年进用陈元龙时，朕谕之曰："尔至广西，当使文武和睦，民兵相安。巡抚有管兵之责，宜不时操练。尔任翰林年久，朕特试用边疆之职，观尔办事如何，宜尽心加勉。"起初，陈元龙上书之奏折，内文冗长，不合体例，且言及灵芝生于深山大木之下，其感应皇上无一民一物不在胞与之中，而且养老施恩极其优渥。陈元龙虽知朕穷理格物无不辨晰精微，但有鉴此灵芝或可备药物之用，责无旁贷务必上呈。朕则对陈元龙的奏折朱批覆曰："史册所载祥异甚多，无益于国计民生。地方收成好，家给人足即是莫大祥瑞。"嗣后，陈元龙的奏折语多洗炼，且无灵芝之说，乃处事有方之巡抚。[86]

朕亦于康熙五十年拔擢王度昭出任浙江巡抚。王度昭夙无治理经验，但初任巡抚颇为干练，能查知杭州米价贵，乃缘于浙省人多用广之故。南新关山木稀少，起因于岁末砍伐殆尽，新木正在滋生。嗣后，王度昭抨击朝廷重臣，反与一干人等被谤诬，朕思此案诡谲，未惩处官员即了结此案，甚至于张伯行候监期间，着王度昭瓜代江苏巡抚之职。但朕诸王度昭奏折内容，对民生福祉之事鲜少着墨，朕又着罢黜王度昭地方官之职，转调工部侍郎。[87]（然王度昭任职工部侍郎，操守不足，有亏厥职，朕着将伊改授"副都统"之武职。）[88] 至于张伯行，朕于康熙五十五年将之调离江苏巡抚，令其料理京城粮仓。朕于康熙四十六年南巡途中，即耳闻张伯行之声名，尝问督、抚，江南还有如张某一样好官乎？彼等对曰，无有。朕曰："既无有，何为尔等不保举他？今朕自保举。他将来做官好，天下以朕为明君。他将来有贪赃坏法之事，天下笑朕不识人。"朕拔擢张伯行历任福建巡抚、江苏巡抚，后因牵连噶礼案，及以海上有贼欺君妄奏、监毙良民数人之罪，刑部依律将张伯行拟斩，监候秋后处决。朕罢刑部之议，谕大学士等曰："伊实非堪任巡抚之人。但能杜苞苴，操守甚好，可于钱粮无多处令其管守。"[89]

云南、贵州、广西、四川诸省前遭三藩叛逆之变，田亩抛荒，不堪闻问。自平定以来，人民渐增，开垦无疑。朕广征良策，期可平整国帑，且能清查人丁实数。康熙五十年，干练如王度昭者，于奏折疏报:"蠲免之年停征,此例可行于他省,而不可行于浙江。何也?浙江赋役繁重,每年钱粮有地丁、有漕项、有漕白,征款名色千头万绪。州县官以漕粮紧急,催兑完毕始征地丁。中间四月蚕忙,五月农忙,每遇晴雨不时,转于十月开征漕粮,地丁又复停征。不惟有司顾此失彼,抑且民力凑办维艰。然良农奉法尚知依限完公,惟有奸民猾吏岁岁拖欠,积至数十百万。荷蒙皇恩尽蠲,其实便于奸猾居多,而急公完粮之百姓未尝均沾也。臣真知确见,故请将浙省四十九年尾欠地丁,乘此蠲免之年,催输完纳。"朕准其奏,且补充曰:"奸民中即有乡宦。"而于朱批言:"上本当改数句方好。"后交各部有司商议。[90]

朕凡巡幸各地,所到之处必诹询当地丁数。一户或有五六丁,止一人交纳钱粮。或有九十丁,亦止二三人交纳钱粮。显见,人丁虽增,地亩并未加广,纵使砂石堆积难于耕种者,或山谷崎岖之地,已无弃土,尽皆耕种矣。据此,朕欲令今钱粮册内,有名丁数,勿增勿减,永为定额。自后所生人丁,不必征收钱粮。但朕又唯恐此策一出,各省督、抚、有司,编审人丁时,隐匿不据实奏闻。是以,朕将现有交纳钱粮之丁数,永为定额,其数稍逾二千四百六十二万,编审人丁逾此数者,"永不加赋,滋生人丁"。朕心明白,各省督、抚、有司,之所以隐匿丁数,不敢据实以奏,乃唯恐加征钱粮。朕务必令臣工释怀:"岂知朕并不为加赋,止欲知其实数耳。嗣后督、抚等,倘不奏明实数,朕于就近直隶地方,遣人逐户挨查,即可得实,此时伊等亦复何词耶。"[91]

礼部右侍郎胡作梅条陈上奏若干弊端，其中尤以审定谁为纳赋之列为最。胡作梅申言："盖额课既无增减，则新增之丁，除补足开除人户（即亡者）外，皆得均沾皇恩，而旧丁无减粮之例，遂不能在沾恩之列。新旧不均，此臣之所以未安也。其开除人户，倘缺五人之粮，而新丁或增至十人之众，此十人之中，将使谁任五人之粮乎？必且有不肖吏胥，避强欺弱，放富差贫者，增丁愈多，索诈愈甚，即新增之丁，亦恐有苦乐不均之叹！此又臣之所未安也。"于是胡作梅建言："每次编审人丁之年，计开除人户若干，新增人丁若干，止以康熙五十年审定开征之额数，按新旧人丁均派征收。新丁日增而粮如故，旧额无减而粮日轻。"但朕仍着依原议，总蠲免新征旧欠，共三千二百六万四千六百九十七两，以摊平拖欠差额。[92]

朕耳提面命各省督、抚，朕轸念民生至意。如有侵欺隐匿，使惠不及民，借端科派者，该督、抚严行查参。督、抚失察，事发之日，亦严加究办。谕旨到之日，立即遍示城郭、乡村，咸使知悉。[93]

康熙十一年冬，朕值年轻，召讲官等至懋勤殿，谕之曰：从来与民休息，道在不扰，与其多一事，不如省一事。朕反对汉官之请，令言官风闻言事。盖因不肖之徒，必借端生事，假公济私，人主不察，必至倾害善良，扰乱国政。[94]三十二年后，曹寅条陈建言，每年超征之专卖盐费，应留以恤地方，禁革总督独揽。朕又援引前言示警曹寅："生一事，不如省一事。只管为日前之计，恐后尾大难收，遗累后人。"康熙四十九年对提督江南等处地方总兵官师懿德、康熙五十年对副将总兵官张谷贞，朕亦援引此言昭其炯戒。[95]

巡抚穆尔赛遭参弹，于山西任内索贿无度，朕谕吏部尚书科尔坤曰："前者谓穆尔赛，为人朴实，不生事，孰倡此语耶？"科尔坤奏曰："穆尔赛为人朴实，人尽皆知。左都御史陈廷敬，山西人也。先言穆尔赛不生事。"然陈廷敬奏曰："臣等同内阁诸臣会议时，臣止言穆尔赛平常，并未言其不生事。"朕复问科尔坤，科尔坤奏曰："侍郎蒋弘道，亦有此言。"蒋弘道回奏曰："臣离家年久，并不知穆尔赛行迹。"朕责其推诿闪烁后，对之警惕曰："今居官者，更有如穆尔赛贪污者乎？如此之人，尚谓其不生事，嗣后九卿何可信用。"[96]诚如朕谕知江西巡抚郎廷极："古人有言，文官不要钱，武将不惜死，不怕天下不太平。"信哉斯言！朕复晓谕郎廷极："做官之道无他，只以实心实政，不多生事，官民爱之如母，即是好官。"[97]

《中庸》有云："君子素其位而行，不愿乎其外，上位不凌下，下位不援上，正己而不求于人，则无怨。上不怨天，下不尤人，故君子居易以俟命，小人行险侥幸。"此真睿智之言，炳如日光星辉。[98]

凡人惟能尽人事、听天命。如农夫耕垦，宜常勤作，而丰歉概由天定。[99]干旱不雨时，朕尝于交泰殿前圈席墙，在内三昼夜虔诚祝祷，虽盐酱小菜，一毫不食，步至天坛祈雨。[100]康熙二十七年春，久旱，朕传谕占验，卜得"夬"卦，象曰："泽上于天。"亦即虔诚祝祷，天必降甘霖：

君子夬夬。独行遇雨，若濡，有愠，无咎。

又云：

苋陆夬夬，中行无咎。（译按：其意指君子态度果决，虽独行途中遇雨，身上淋湿，并有怒气，但没有危险。犹如斩除柔弱的苋陆草，刚毅果断地清除小人。居中行正，必定无害。）

是月，朕革去明珠等大学士之职。[101]

朕之钦天监往往避忌，不敢据实启奏，故朕须反复查证，警惕彼等不可隐匿真相。钦天监奏，立夏时，巽方风起，吉。是日朕于宫中占验，乃不祥之东北风起。朕传谕钦天监，凡占卜，当直书其占语，切毋揣度时势，附会陈说。日食虽可预算，但自古皆戒惧，盖所以敬天变，修人事也。为求海宇升平，防天灾地变，不可不加修省。蝗虫危害虽尤烈，但非束手无策。若今年寒冻稍迟，蝗虫已有遗种，宜及早耕耨田亩，使蝗种为覆土所压，则其势不能复孳。设有萌蘖，即时驱捕，亦易为力。[102] 人生凡事固有定数，然其中以人力而犹能夺天工者有之。如取火镜（某种透镜）、指南针，一物之微，能参造化。至于推步七政之运行，寒暑之节候，日月之交食，皆时刻不爽。徒恃天工不尽人力，何以发造化之机，而时亮天工乎。

人之一生，虽云命定，然命由心造，福自己求。如依五星推人妻、财、子、禄及流年，日后试之多有不验之处。盖因人事未尽，天道难知。譬如推命者言当显达，则自谓必得功名，而诗书不必诵读乎？言当富饶，则自谓坐致丰亨，而经营不必谋计乎？至谓一生无祸，则竟放心行险，恃以无恐乎？谓终身少病，则遂恣意荒淫，可保无虑乎？江湖术士朱方旦，狂妄小人，蛊惑人心，以诡立邪说，煽惑巡抚、将官，处以立斩极刑。但盲者如罗瞎子，竟能占星，纵然封疆大吏亦可向彼谘询。[103]

朕少年时，在兴安岭上，行茂林之中，迅雷忽作，乃避出茂林。雷止，朕遣人往视，树木皆为迅雷所击。可见上天佑护，非人力所能至，天象虽难揣测，而灵机闪动，亦可预知也。[104]朕读《易》乐此不疲，以为观象玩占，实觉义理悦心。朕谕讲官，《易》理精微，文字难尽畅其意。[105]又文字有其局限，盖大抵天地之"元音"，发于人声。人声之象形，寄于书法点画。[106]职是之故，朕勤学书法，每日写千余字，从无间断。凡批答督抚折子，及朱批上谕，皆朕亲书。及至朕年老，凡古名人之墨迹石刻，无不细心临摹。（曩昔孩提时，朕即与宦官于宫中修习。）朕亦勤练满文书法，务使清晰流畅。[107]朕尚留心声韵：往昔见赞礼郎宣读祝版，诵至朕名，声辄不扬。朕曰："岂可涉于慢易，嗣后俱高声朗读，无庸顾忌。"[108]

注释

1 **诗** 《康熙帝御制文集》，页二四七七。

2 **生人杀人** 《大清圣祖仁皇帝实录》，卷二三六，页十四。《圣祖仁皇帝起居注》，页四二二。

3 **刑** *I Ching*(Wilhelm), pp.217, 676；《大清圣祖仁皇帝实录》，卷一一二，页一。

4 **胡简敏** 前揭书，卷一四六，页三至四。另见Brunnert and Hagelstrom, *Present Day Political Order of China*, no.933。胡简敏家人亦被正法治罪。另，地方绅矜济恶乡里的类似案件，亦可参考《文献丛编》，页一一三至一二九。

5 **雅木布** 《大清圣祖仁皇帝实录》，卷二〇四，页三b。另有以儆效尤的处置，可参考前揭书，卷一二二，页十三。

6 **抗命马郎阿案** 前揭书，卷五十五，页二十六b至二十七；贾从哲、张元经案，前揭书，卷五十七，页二十六；思格色案，前揭书，卷一八五，页十五。

7 **叛逆** 关于凌迟之刑，Staunton, *Penal Code*, pp.269-270。有关朱永祚一案，前揭

书，卷二三六，页十七（亦可参考Spence, *Ts'ao Yin*, pp.234-236，记述一念和尚）；朱三太子，见《大清圣祖仁皇帝实录》，卷二三五，页九（该案原委，前揭书，卷二三二，页十b；案件细节的报告，详见《朱三太子案》）；假朱三太子之名作号召，可参见《大清圣祖仁皇帝实录》，卷二三三，页八。伊拉古克三的背景，前揭书，卷一六九，页b。追捕伊拉古克三，前揭书，卷一八三，页十九b至二十；以及卷一八四，页六b至八。磔诛伊拉古克三，前揭书，卷一八五，页二十三。噶尔丹骸骨，前揭书，卷一八九，页十四b。吴三桂骸骨，前揭书，卷一〇〇，页十一b。耿精忠及其他叛将，前揭书，卷一〇〇，页十一b至十四。

8　**斩立决**　前揭书，卷一〇〇，页十二b；立储之争，见本书第五章"阿哥"。

9　**矜恤**　《庭训格言》，页三十八、八十b至八十一。另见《大清圣祖仁皇帝实录》，卷二七二，页六b至七，记载有位胖太监被刑之后，暂停处决的传谕方至。

10　**作乱**　前揭书，卷四十五，页四，记暂闭城门；杨起隆作乱，前揭书，卷四十九，页九；卷四十五，页十三b至十四；土贼，前揭书，卷四十八，页二十三b。

11　**圣谕**　前揭书，卷五十，页十六。

12　**纤夫**　前揭书，卷一〇四，页十五。

13　**核实人犯姓名**　《庭训格言》，页三十八b；《大清圣祖仁皇帝实录》，卷二〇六，页十四b至十六；《李文贞公（李光地）年谱》，卷二，页五十六。亲眼目睹整个过程的记述，可参见韩菼，《有怀堂文稿》，卷八，页十四至十七b。

14　**情实之罪**　《大清圣祖仁皇帝实录》，卷二〇一，页十六。Sun, *Ch'ing Administrative Terms*, no.1718。

15　**凶器**　《大清圣祖仁皇帝实录》，卷二五二，页十八b至十九。

16　**详阅人犯招册**　前揭书，卷二〇六，页十六；卷二一八，页六b；卷一九五，页十八b。

17　**引杀妻者**　韩菼，《有怀堂文稿》，卷八，页十六b。

18　**其余犯案**　韩菼，前揭书，卷八，页十四b。其他案件，亦可参考Wu, "Emperor at Work", p.218。

19　**范崧**　《大清圣祖仁皇帝实录》，卷二〇一，页十五b至十六。

20　**见其善**　《庭训格言》，页一〇九；丹济拉一例，前揭书，页七十九b至八十，以及*Eminent Chinese of the Ch'ing Period*, p.268。

21　**俄罗斯人**　Fu Lo-shu, *Documentary Chronicle*, I, pp.76, 91, 121。有关Fu Lo-shu所翻译此阶段与俄罗斯人的战役以及尼布楚条约之媾和等文件，见前揭书，pp.56-103。另，Mancall, *Russia and China: Their Diplomatic Relations to 1728*一书，则是

大量援引俄罗斯人与中国人的史料，对这个时期的中俄关系进行全面的研究。此外，亦可参考Fletcher, "Aleksandrov on Russo-Ch'ing Relations"。

22　**苗人**　《庭训格言》，页三十九b；《大清圣祖仁皇帝实录》，卷一〇六，页十八。

23　**没收火器**　前揭书，卷二二五，页十六b至十七。

24　**施琅**　前揭书，卷一一六，页八；《庭训格言》，页八十；*Eminent Chinese of the Ch'ing Period*, p.653。《李文贞公（李光地）年谱》，卷一，页三十九，记载了让荷兰人经营台湾之论。另，有关施世纶、施世骠的生平，可参考*Eminent Chinese of the Ch'ing Period*, pp.653-654。

25　**三藩之乱**　《大清圣祖仁皇帝实录》，卷七十六，页六至八；卷七十八，页十九；卷八十，页二十七b；卷八十五，页十二。

26　**杰书**　前揭书，卷八十八，页二b；卷八十八，页三。宜昌阿，前揭书，卷八十九，页二b至三。

27　**叛将之死**　前揭书，卷九十八，页十六至十七。

28　**其余伏诛之叛将**　前揭书，卷一〇〇，页十一b至十三；卷一〇二，页四；卷一〇二，页五。

29　**宽典**　前揭书，卷九十八，页十三；卷一〇二，页二十五；卷一〇三，二十b。

30　**关于三藩之乱的圣谕**　前揭书，卷九十九，页八；《康熙帝御制文集》，页二一一至二一三。

31　**调查撤藩事宜的将领**　《大清圣祖仁皇帝实录》，卷四十三，页五。奉派前去试探耿精忠、尚可喜的将领是汉人。

32　**筹办撤藩之事**　设专员的做法，前揭书，卷四十三，页六；安插于满州地区，前揭书，卷四十三，页九；整编佐领，前揭书，卷四十四，页八至九。大臣的建言，前揭书，卷四十四，页十七b。这些筹办事务的细节已不可考，但有趣的是，康熙与米斯翰、莫洛、明珠久待南苑（前揭书，卷四十一，页三b）。正是在这时候，康熙着其信任的王熙转调兵部尚书（前揭书，卷四十二，页十一b）。这段期间的部分记载，亦可参考《圣祖仁皇帝起居注》。满大臣的暗中观察，见《大清圣祖仁皇帝实录》，卷四十三，页十一b。

33　**萨穆哈、党务礼**　前揭书，卷四十四，页十二。

34　**硕岱**　《八旗通志》，卷一五五，页二十五至二十七b；《大清圣祖仁皇帝实录》，卷四十四，页十二b。

35　**胸有成竹**　遴选皇族血统之人，前揭书，卷四十八，页十三；赐礼，前揭书，卷四十四，页十六b至十七；祝祷，前揭书，卷四十五，页五。

36　**误判形势**　康熙本人的评析，前揭书，卷六十，页三b至四；卷八十，页二十九；卷九十一，页二十五b至二十六。

37　**汉将**　请对照前揭书，卷五十五，页十八b，康熙怒斥满将；前揭书，卷五十五，页二十b，则是温言嘉许汉将。Tsao, *The Rebellion of the Three Feudatories*一书，征引中国资料，全面分析三藩之乱的整个过程。另外，亦可参考*Eminent Chinese of the Ch'ing Period*一书中吴三桂、尚之信、耿精忠传记间相互参照的批注。神田信夫所撰之《平西王吴三桂の研究》一文，则对三藩的组织背景有详细的析论。

38　**究责**　《庭训格言》，页十七至十九。

39　**喇沙里**　追思喇沙里的谕旨，见《大清圣祖仁皇帝实录》，卷八十六，页七b。喇沙里之生平，可见《八旗通志》，卷二三六，页二十，以及《钦定大清会典事例》，卷一〇五二，页二b，对喇沙里的称许。

40　**不顺遂**　太和殿祝融，见《大清圣祖仁皇帝实录》，卷八十七，页三；地震，前揭书，卷八十二，页十八；身体抱恙，前揭书，卷八十七，页四b至五。

41　**索额图与魏象枢**　索额图的事迹，见《庭训格言》，页八b至九；以及*Eminent Chinese of the Ch'ing Period*, pp.663-666；魏象枢部分，见《大清圣祖仁皇帝实录》，卷一六三，页十七，以及*Eminent Chinese of the Ch'ing Period*, pp.848-849。论索额图的家产，见《大清圣祖仁皇帝实录》，卷一〇八，页六；魏象枢对索额图的抶怨，前揭书，卷一六三，页十七。

42　**道学家**　康熙的一般性评价，前揭书，卷一六三，页十七，以及卷一二〇，页十五；宜言行相顾之论，前揭书，卷一一二，页二b，及卷一五九，页三b；论李光地（其人生平，可参考*Eminent Chinese of the Ch'ing Period*, pp.473-475），前揭书，卷二〇六，页五b，及卷二一六，页三；论彭鹏（其人生平，可参考*Eminent Chinese of the Ch'ing Period*, pp.613-614），前揭书，卷二四三，页十二b至十三；论彭鹏性格乖张，前揭书，卷二〇六，页二十至二十一；论赵申乔（其人生平，可参考*Eminent Chinese of the Ch'ing Period*, p.80），前揭书，卷二〇六，页五b，及卷二一一，页十六；论施世纶（其人生平，可参考*Eminent Chinese of the Ch'ing Period*, pp.653-654，含康熙对他的评价），前揭书，卷二〇六，页八；论杨名时，前揭书，卷二一四，页十六b。

43　**张鹏翮**　前揭书，卷二〇一，页二十一，及卷二〇三，页十九b列举的好官；亦可见Wu, *Communication and Control*, p.24，文中的讨论。"河伯"的解释，见Werner, *Chinese Mythology*, p.159；河神的位阶，亦可参考Werner的前揭书，pp.433-436。黄河上游滴滴雨未降，见《大清圣祖仁皇帝实录》，卷二〇五，页三b；对旗员不假好言，前揭书，卷二一九，页十九b。

44　**朋党**　前揭书，卷一七九，页九，及卷一六四，页三b至四。康熙论早期满族大员结为朋党的观感，前揭书，卷二三四，页十三。

45　**大火**　前揭书，卷一一四，页二十四。和硕康亲王杰书府失火，康熙曾亲临救视，亦见前揭书，卷一二八，页二十三b。

46　**参劾**　弹劾旗员，前揭书，卷二〇三，页十九；涉及康熙五十、五十一年间科场案的满人，Spence, *Ts' ao Yin*, pp.240-254，以及Wu, *Communication and Control*, pp.142-148，两处的讨论；护国良将，见《大清圣祖仁皇帝实录》，卷二〇三，页十六b至十七b；徇私，前揭书，卷一六六，页七。

47　**刁吏**　前揭书，卷一七九，页九。《魏敏果公（魏象枢）年谱》，页五十。

48　**温保**　前揭书，卷一八三，页二十b至二十一，及卷一八三，页二十八b。

49　**耳目畅通**　前揭书，卷一八三，页二十八。亦可参考Wu, *Communication and Control*，书中第三、五、六章的扼要讨论，以及Wu, "A Note on the Proper Use of Documents" 一文的深入探讨，另可参考Spence, *Ts' ao Yin*全书。康熙于康熙八年八月二日谕令杜绝泄密，首见他明确地传达意旨。另见《庭训格言》，页五十七至五十八，及《大清圣祖仁皇帝实录》，卷三十一，页一b。

50　**奏折**　前揭书，卷二六五，页十四b。Wu, "The Memorial Systems of the Ch' ing Dynasty"，是对清代奏折制度进行系统性剖析的佳作。慎防奏折内容泄漏的早期（即康熙二十八年）例子，可参考《陆侍御（陆陇其）年谱》，页二十五b。刘荫枢部分，见《故宫文献》，第三卷，第一期，页一一六至一一七。有关另一位失明的资深官员，见《年羹尧折》。

51　**代书满文**　Wu, *Communication and Control*, p.43，以及《故宫文献》，第一卷，第二期，页二一三、二一七。

52　**滥用密折**　《大清圣祖仁皇帝实录》，卷二二五，页十七。

53　**陛见**　武将进京陛见，前揭书，卷一〇九，页二。Wu, *Communication and Control*, p.22，有一般性分析。《蒙斋（田雯）自订年谱》，页二十六，记载了官员的就座；Wu, "Emperor at Work," pp.224, n.22，提及听障官员。引导议论，见《华野郭公（郭琇）年谱》，页三十二。禁谈族人问题，见《魏敏果公（魏象枢）年谱》，页五b。书而志之，见《大清圣祖仁皇帝实录》，卷一九一，页十六b。

54　**北游**　du Halde, IV, pp.348-349, 378，张诚的信函。

55　**南巡**　《圣祖五幸江南全录》，页十三b、二十五b、三十二b、三十六b、三十九b。

56　**匿名飞语**　《大清圣祖仁皇帝实录》，卷三十八，页二十四。

57　**夸大其词**　du Halde, IV, pp.352-353收录的张诚信函。

58　**不分满汉**　《大清圣祖仁皇帝实录》，卷二三六，页十三，以及卷二五一，页十六b；Spence, *Ts'ao Yin*, pp.253-254。

59　**傀偶**　前揭书，卷一四九，页十九。

60　**引宋儒之贤**　前揭书，卷二〇四，页十四b。

61　**满汉之分**　论将领特色，前揭书，卷二五五，页十八b至十九；满兵剽悍，前揭书，卷一八四，页五。满族翰林，前揭书，卷一九一，页二十四b至二十五。康熙对喇沙里的盛赞，以及对康勒纳、葛思泰的美言，前揭书，卷一二五，页二十一b。前揭书，卷一〇九，页四b，记载公然乘马直入衙门；《故宫文献》，第一卷，第三期，页一七七，记妨碍审案；邵甘，见《大清圣祖仁皇帝实录》，卷一一七，页二十二；骰子，前揭书，卷一三一，页二十一；军人嗜赌，前揭书，卷二一二，页九至十；王公贵族部分，前揭书，卷一八八，页六；韩菼耽湎饮酒，前揭书，卷二一四，页十七b，以及卷二二四，页二十七；对弈嬉戏，前揭书，卷一二七，页十一b；嗜酒后遗症，《庭训格言》，页二十七至二十八、九十二b至九十三b。

62　**阴与阳**　《大清圣祖仁皇帝实录》，卷二五五，页十八b。

63　**过誉**　前揭书，卷二五五，页十八b，及卷二八四，页四b至五。

64　**乾卦**　关于康熙读《易》研究"豫"卦一节，详见《圣祖仁皇帝起居注》，页四八五、四八八、四九一的记载。对"乾"卦的批注，见*I Ching* (Wilhelm), pp.9, 383；康熙论"乾"卦，见《大清圣祖仁皇帝实录》，卷一一五，页二。

65　**丰卦**　前揭书，卷一一一，页三十b，以及*I Ching* (Wilhelm), p.670。"丰"卦第三爻，见*I Ching* (Wilhelm), p.215。

66　**赏善罚恶**　《庭训格言》，页二十三b、三十三。

67　**宦官**　《大清圣祖仁皇帝实录》，卷一六三，页二十四b，记钱文才案；《庭训格言》，页三十三b，论闲谈笑语；《大清圣祖仁皇帝实录》，卷二四〇，页十，论太监人数；前揭书，卷一五四，页九，论太监的贫穷；前揭书，卷一一四，页二十八，论委之太监阅览奏疏。

68　**工作负荷**　《圣祖西巡日录》，页五，举秦堂为例；《庭训格言》，页三十八，提及一日亲览三四百奏章。

69 **傅喇塔** 《大清圣祖仁皇帝实录》，卷五十六，页三。

70 **河务** 论处理河务的一般原则，见《庭训格言》，页七十四；米价部分，前揭书，页九十一b至九十二；罢黜治河官员，前揭书，页七十二至七十三b。康熙于南巡时视察河务，可参考Spence, *Ts'ao Yin*, ch.4. 河图是由侍卫马武所绘制，见《大清圣祖仁皇帝实录》，卷一三五，页七b。

71 **张伯行奏疏** 《故宫文献》，第一卷，第四期，页一八〇。

72 **海贼** "大鸟船"，《大清圣祖仁皇帝实录》，卷二一三，页九；米粮火药，前揭书，卷二五四，页二至三b；海贼巢穴地图，前揭书，卷二七四，页八至九；逼使海贼上岸，《故宫文献》，第一卷，第一期，页六十八；施世纶的精壮亲丁，前揭书，第一卷，第三期，页一五一；火器，前揭书，第一卷，第四期，页九十四至九十五；招抚海贼委任其事，《大清圣祖仁皇帝实录》，卷二五四，页三b；招降海贼充当说客，前揭书，卷二一五，页二十；追踪海贼行迹，前揭书，卷二一三，页九；依计诱敌，前揭书，卷二三六，页十五。

73 **商船** 前揭书，卷二五四，页二b至三。

74 **西洋船** 前揭书，卷二五三，页十b。Fu Lo-shu, *Documentary Chronicle*, I, p.118。

75 **海贼类型** 贸易之人，前揭书，卷二一三，页十五，及卷二二九，页十三b；地方宵小，《故宫文献》，第一卷，第三期，页一四五。前揭书，第一卷，第三期，页一五一，康熙朱批道，当委实盘查。

76 **盐** 前揭书，第一卷，第四期，页九十三，其中有康熙载奏折行文间朱批"是"，以及第一卷，第四期，页一〇一。

77 **矿徒** 前揭书，第一卷，第三期，页一四七。亦可参考Sun, "Mining Labor in the Ch'ing Period," pp.50-55.《故宫文献》，第一卷，第三期，页一五〇，对"裹胁"之法的讨论。禁绝开采新矿之议，见《李文贞公（李光地）年谱》，卷二，页五十九。

78 **各省之人** 论福建人，《大清圣祖仁皇帝实录》，卷二四三，页十二b；论陕西人，前揭书，卷二〇一，页十六；论山东人，前揭书，卷二〇四，页六，及《圣祖五幸江南全录》，页四十八；论喀尔喀蒙古，见《大清圣祖仁皇帝实录》，卷二〇三，页二十二；论山西人，见《圣祖西巡日录》，页六；论江苏人，见《大清圣祖仁皇帝实录》，卷一四八，页二十一b，以及卷一三九，页二十三b至二十四。

79 **以偏概全之议** 所枚举之例，前揭书，卷一六五，页二十二；论人才不择地而生，前揭书，卷一五二，页十七b至十八。

80　**武将**　前揭书，卷一六五，页七b，以及卷二一〇，页八。

81　**科考主考官**　左必蕃贪渎案，见Spence, *Ts'ao Yin*, pp.241-249；对文义茫然不解，《大清圣祖仁皇帝实录》，卷一二〇，页六；对于地方民情毫未通晓，前揭书，卷一三一，页十四b至十五；惟能背诵，前揭书，卷二一四，页十六b；地缘情谊，前揭书，卷二二四，页三十。择才依贫寒，前揭书，卷一九八，页二十三b至二十四。综论中国科举制度，可参考商衍鎏，《清代科举考试述录》。有关应考者的十年寒窗与生活型态，可参考Chang Chung-li, *The Chinese Gentry*与Ho Ping-ti, *The Ladder of Success*二书。

82　**应试者**　论省籍，《大清圣祖仁皇帝实录》，卷二六五，页二十二；论贫寒，前揭书，卷一九八，页二十四；翰林官员，前揭书，卷二九〇，页三b；不能句读，前揭书，卷一二七，页十一；论汉军官员，前揭书，卷一二五，页二十三；论口音，前揭书，卷二四九，页十九。

83　**科考**　《顾间邱（顾嗣立）自订年谱》，页九，详述覆试中试举人；《大清圣祖仁皇帝实录》，卷一九七，页八，亦有论及。康熙察觉举人考试的弊端，可见《圣祖五幸江南全录》，页三十一。科考的各种方法，可参考《钱文端公（钱陈群）年谱》，页十九b；康熙因钱陈群母疾无法参加特科考试，而赐他一只小钱包。《毛西河（毛奇龄）先生传》，页二十，记述"博学"科考试。狄亿，《畅春园御试恭纪》，记应试满人的科考。

84　**贤良之材**　梅穀成，见《故宫文献》，第一卷，第四期，页七十八至七十九（康熙听闻梅穀成祖父梅文鼎，可见《李文贞公（李光地）年谱》，卷一，页五十b至五十一；卷二，页十七、十八b、二十五b）。明安图，《清史列传》，卷七十一，页五十二b。王兰生，《大清圣祖仁皇帝实录》，卷二六八，页三b。高士奇，《蓬山密记》，页三。励杜纳，*Eminent Chinese of the Ch'ing Period*, p.491。其余这类贤人才，亦可参考房兆楹、杜联喆，《增校清朝进士提名碑录》，页二四五，作为补充。

85　**士人巡抚**　房兆楹、杜联喆，《增校清朝进士提名碑录》，页四十至四十一。

86　**陈元龙**　其人生平，见《清史列传》，卷十四，页十三；此处所引奏折，见《故宫文献》，第二卷，第一期，页一〇五至一一五。康熙先是在陈元龙奏折里朱批说："具题。"但在前揭书，第二卷，第一期，页一一一的奏折里，斥责陈元龙；后在前揭书，第二卷，第一期，页一一五至一一八，陈元龙据实情禀奏，然康熙并未多作评论。

87　王度昭　前揭书，第一卷，第一期，页六十至六十六。王度昭其人生平，可参考《国朝耆献类征初编》，卷六十，页四十二至四十三。

88　调职　《大清圣祖仁皇帝实录》，卷一〇九，页二十一。转调之副都统，见Brunnert and Hagelstrom, *Present Day Political Order of China*, no.720。

89　张伯行　《国朝耆献类征初编》，卷六十一，页七。《张清恪公（张伯行）年谱》，卷一，页二十七b至二十八，记载了康熙关于张伯行的这段谈话。拟斩，见《大清圣祖仁皇帝实录》，卷二六五，页九；康熙的宽恕，前揭书，卷二六六，页十一b。可对照《张清恪公（张伯行）年谱》，卷二，页十五，对张伯行辞官较为正面的观点。

90　丁　初步估算，见《大清圣祖仁皇帝实录》，卷二四九，页十五。王度昭于康熙五十九年所上的奏折，见《故宫文献》，第一卷，第一期，页六十三至六十四。关于"丁"的制度，可参考Ho Ping-ti, *Studies on the Population of China*, pp.24-35。根据Ho Ping-ti的分析，我们可以了解，康熙所思考的是华北成年男子人口的丁数，而不是更全面性的土地单位。有关清代税制，可参考Wang Yeh-chien, "The Fiscal Importance of the Land Tax During the Ch'ing Period" 这篇清晰佳作。

91　丁数的实情　论减免钱粮，这整段叙述，援引自《大清圣祖仁皇帝实录》，卷二四九，页十五至十六b。论税制，前揭书，卷二四八，页五至六，及卷二五一，页十三至十四。自此之后所生之人丁不必征收钱粮的原始用语是："永不加赋，滋生人丁。"根据前揭书，卷二五七，页十九的记载，以二千三百五十八万七千二百二十四人为基准，每年人口的成长数是六万零四百五十五人。是故，几年后，其人口数约为二千四百万人。

92　胡作梅　《故宫文献》，第一卷，第三期，页一七九。

93　康熙的决定　《大清圣祖仁皇帝实录》，卷二五一，页十三至十四b。

94　康熙十一年冬　前揭书，卷四十，页二十b。康熙的用语是："与其多一事，不如省一事。"

95　曹寅的朱批奏折　《故宫文献》，第二卷，第一期，页一三六；师懿德的朱批奏折，前揭书，第一卷，第四期，页九十四；张谷贞的朱批奏折，前揭书，第一卷，第四期，页二一七。

96　穆尔赛　《大清圣祖仁皇帝实录》，卷一二二，页五b至六。

97　郎廷极　《故宫文献》，第一卷，第四期，页六十六至六十七。

98　《中庸》　Legg, *The Chinese Classics*, I, pp.395-396. *Doctrine of the Mean*, XIV, 1,3,4。康熙在《大清圣祖仁皇帝实录》，卷二七五，页十b曾引述，并在《清圣祖谕旨》，页四，赞许斯言。

99　尽人事　《庭训格言》，页一一六。

100　干旱不雨　前揭书，页八十三。

101　夬卦　《李文贞公（李光地）年谱》，卷一，页四十五，记载卜得此卦。夬卦意义，见*I Chang* (Wilhelm), pp.168-169。革明珠之职，见《清史》，页二五六九。弹劾，见《大清圣祖仁皇帝实录》，卷一三三，页十七至二十b。

102　征兆　巽方风起，前揭书，卷二四二，页四b；直书占语，前揭书，卷一五四，页六；日食，前揭书，卷一八〇，页一b，以及卷一八六，页四b；蝗灾，前揭书，卷一六三，页四b，及卷一五三，页八。

103　命运　论命定，《庭训格言》，页六十九b至七十；命由心造，福自己求，前揭书，页七十六b至七十七；江湖术士朱方旦，《大清圣祖仁皇帝实录》，卷一〇一，页四，以及卷一〇一，页十一。康熙于康熙六十年遭罗瞎子至年羹尧处，见《年羹尧折》，页四十七。

104　少年时　预知，见《大清圣祖仁皇帝实录》，卷二七三，页三b至四；康熙于《庭训格言》，页十九，有感而发说："大雨雷霆之际，决毋立于大树下。"

105　《易经》　论《易》，见《大清圣祖仁皇帝实录》，卷一一七，页十九b；论易之玄奥，前揭书，卷一一一，页二十九b。

106　人声　前揭书，卷二四一，页十三b。

107　书法　《庭训格言》，页三、一〇〇。高士奇，《蓬山密记》，页一、三。满文书法，见《大清圣祖仁皇帝实录》，卷二一六，页十九。

108　祝祷　前揭书，卷一一九，页二b至三。

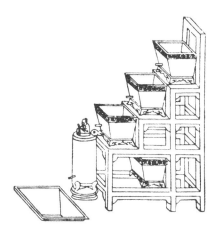

第三章

思

Thinking

咏自鸣钟 [1]

法治西洋始，巧心授受知。

轮行随刻转，表指按分移。

绛帻休催晓，金钟预报时。

清晨勤政务，数问奏章迟。

——玄烨　康熙四十四年

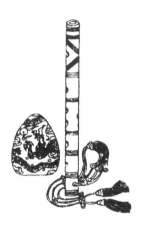

人多强不知以为知。朕自幼躬亲穷究，不枉自以为知。每见耆老，必详问其过往经历之事，切记于心。虚心请益，自然精进；骄盈自满，每愈况下。朕生性好问，纵然粗鄙之人亦有成理之言。朕对其所言必广搜来源而谨记之。[2]

大凡巧匠各有密传技艺，决不肯见视外人。朕决不欺人，倘使彼等愿开诚明奏，朕必谨守密传而不告外人也。人若专心于一技一艺，无心猿意马之图，似能裨益筋骨：朕知明季善书法者、画师、各式巧匠，俱享高寿，体魄强健，鬼斧神工之巧手，犹如壮年，如苏州做乐器的周姓老人，或如南府教习朱四美，已届八旬老人，于琵琶曲调仍行云流水。[3]

凡事眼见为凭，徒尚空谈，诚属无用；道听途说，或尽信书，终沦为有识者笑柄。古人论"鹿"、"麋"有别，依其解角为证，而无视于其角不断生长之理。究其实，鹿种繁多，栖息山泽江海之域，但古人多不识其中之分梳。[4]又以乐器"埙"、"篪"为例，《诗经》云：

> 伯氏吹埙，
> 仲氏吹篪。
> 及尔如贯，
> 谅不我知。

朝中翰林等凡作诗赋，多以埙、箎类比兄弟之情。待朕问彼等埙、箎之形貌，皆曰不知。朕遂于除夕之日，谕令太监自乾清宫陈设乐器中取埙、箎，示见翰林大学士、南书房汉大臣，彼等才知晓埙、箎为何物。音律之理亦同。六合之内、古往今来，音律之理皆同，然所制丝竹须与曲律相合，勤习和声。[5]

潮汐之说，古人议论纷陈，总难知晓个中实情。朕临海边，如山海关、天津，或长江江口之处，每察潮汐时刻。然询问当地之人，所得时辰概皆不同，各地所载之起落时辰亦迥然有别。嗣后，朕得知泉、井皆有微潮，但亦难知确凿时刻。朕问及西洋人与海中行船者，说法不一。显见，朱子言潮汐之说，与月盈月亏相关，甚为有理，惟不知其中何解。[6]

朕谓读书亦当体察世务，而临事又应据书理以审其得宜。世人讲论旧磁器皿，谓之"古玩"；然依理而言，旧磁器系昔人所用之旧物。惟今看来未必洁净，不宜用于饮食，故置之案头或列之书橱，以作为一时之玩赏。再者，吾人亦可易其用，而改其本。昔日，朕琢磨人见人惧之贺兰国（即荷兰）刀，成一铁尺，设于朕之书案上。耶稣会神甫安多（Antoine Thomas）见之谓，刀者兵器，人人见而畏之，今设于书案，人人见而喜持焉，乃吉祥之事也。难得之物，终为无甚奇处，如西洋国进贡之狮，众阿哥已司空见惯。然闻见希罕之物，朕亦萌生猎奇之心，如朝鲜国王于朕北巡途中进贡海狮，朕即刻遣人回京，取洋人书籍，辨明该物。[7]

西洋人奇技亦然。明朝末年，西洋人作计时日晷始传入中国，中国人多不识其为用途而贵为珍宝。顺治十年，世祖皇帝得一小自鸣钟以验时刻，随身携带不离左右；而今，吾人已知晓钟内发条之法，调拨自鸣钟，乃至制作自鸣钟之理，众阿哥若欲把玩自鸣钟，人人皆可得十数个也。同理，洋人专擅之玻璃器皿，中土之人习得制造原理后，青出于蓝；若非洋人国度地处环海而潮湿无尘，中国地燥多尘，中国漆器色泽之华美自是略胜洋漆一筹。[8]

凡读书应疑之再疑，自是不为书册所愚。吾人怎能确信董仲舒之云："风不鸣条，雨不破块，谓之升平世界。"若无风在树枝间鼓动，万物岂能得生机？若无雨水滋润，又如何播种大地？据此观之，董仲舒之言无非粉饰空文而已，不可信以为真也。[9]徐日升向朕解释，何以雄鹿用其角与树木摩擦再三而使树木发火，何以腐树于黑夜中能生光。据古书载，学子幸赖袋中萤火虫而深夜苦读。但朕驻跸热河时，尝谕令侍卫搜罗数百萤火虫置于袋中，其光量不利览读。汉代东方朔记载，极北百尺永冻冰原，有千斤重硕鼠横行其下，近有俄罗斯国人通报，果有如此冰原，其鼠大如象（亦即猛犸），其牙可制器皿。朕尝亲眼目睹此类器皿。此外，朕惟从书籍知晓之奇闻怪谈，亦为心腹大臣所佐证。太仆寺卿喇锡、侍郎常绶谓，新疆全无水旱之灾，惟或"穀米变蚊而飞，或穀熟时，穗内全然成血。"[10]

朕于南巡途中谓张英，向来常登寺庙，何用再登，朕喜临未曾造访之庙宇，无论其是否位于南方。朕亲诣五台山（于此朕手撰满书碑文勒于石中），登泰山极顶（至孔子有感而发小天下之处）。

康熙二十三（1684）年巡游途中，朕拒侍臣观舍身崖之请。百姓常至此绝崖峭壁自杀，舍身以救命若悬丝的双亲。朕拒不亲诣此等妄诞之地，而宽宥愚民的无知；纵然出于尽孝之名，但既舍身，即不能终生奉养父母，亦是不孝也。[11] 朕一行转往曲阜阙里孔子故居，祭祀孔子，聆赏丝竹之声，选侍经筵讲授《大学》、《易经》。朕又宣谕孔子后人衍圣公孔毓圻、族人孔尚任，引朕遍览先圣遗迹。[12]

侍卫开启诸器帏罩、拂拭灰尘，一一垂询细节。朕问："像始于何年？""相传东魏兴和三年（541）兖州刺使李珽始塑圣像。""何代法物？""汉章帝元和二年（85），亲祀阙里，所留祭器。""何像最真？""惟行教小影，颜子从行者为最真。乃当年端木赐传写，晋顾恺之重摹者。""大成殿书匾？""宋徽宗飞白书。"

朕问孔尚任："尔年几何？""臣年三十七岁。"又问："尔去先师几世？""臣系先圣六十四代孙。"又问："衍圣公系几代孙？""臣系六十七代孙。""尔年三十七岁有几子？""臣有二子。""尔年果三十七岁否？""臣年三十七岁。"又问："能作诗否？""亦尝学诗。"

朕观先师孔子手植桧树一株，问曰："此树未朽何以无枝？""明弘治十二年（1499），门殿被火，此树在门殿之间，枝叶烧脱，孤干独存。今有二百年矣。不枯不荣，其坚如铁，俗呼为铁树。"朕令侍卫抚摸良久，称其神异。朕问："汉碑何在？""汉碑在奎文阁。""此阁贮藏历代书籍。"至同文门观门右汉碑，孔尚任奏曰："此汉元嘉三年（153），鲁相乙瑛置卒史碑，今谓之百户碑。"朕问：

"何为百户碑？""历代优崇之典于庙廷，设官四员，典籍、司乐、管勾、百户，谓之礼乐农兵四司。今典籍、司乐、管勾皆奉朝选，惟百户止由衍圣公。"

朕问："尚有古迹否？"奏曰："前仰高门有璧水一曲，无源易涸。若导城东文献泉入庙注之，斯璧水常盈，藻芹有托。但未曾奉旨，不敢轻开。"

阙里庙基广阔，何处是先师故宅？朕据闻，厅堂之后有鲁壁遗址，乃先师燕居之所。朕斜倚凭栏，慨然敬慕，汲水品尝。朕问鲁壁遗址。彼等奏曰，昔日秦始皇焚经书，孔子九世孙（孔鲋）预藏《尚书》、《论语》、《孝经》于壁中，至汉鲁恭王始发现竹简古文。朕谕令孔毓圻、孔尚任等指点其处，一一梭巡。[13]

先师墓前花草扶疏、林木翁郁，朕朝北面跪，椀捧明珠所端金椀，三酹酒，行三叩礼。朕问："墓上是何草木？楷木何所用之？有蓍草否，取来朕看。蓍草一丛五十茎者，占筮方验今果有否？"孔尚任奏曰："林中蓍草虽多，其丛生五十茎者，下有灵龟守之，谓之瑞草，不能常有。今銮舆经过，瑞草必生。"朕命人寻找蓍草，找获几茎。朕亲摘一茎把玩，异香扑鼻。

遍览四周后，朕入堂中，南面而坐，问曰："孔林周围几许？"

"共地一十八顷。今二千余年，族众日繁，祔葬无所。"

朕问："将如之何？"

"皇上问及此，真臣家千百世子孙之幸。但林外皆版籍民田，欲扩不能。尚望皇上特恩。"

朕回向侍臣微笑数语，转曰："即具奏来。"[14]

朕赏孔毓圻狐腋蟒袍一领，黑貂褂一领；从优额外授孔尚任兄弟为国子监博士。[15]

此行稍早，朕乘沙船渡扬子江，风浪恬静，舟行甚速；然各式舟船俱试坐之，皆不甚妥适。厥后朕诣苏州船厂，详问造船要务，朕亲自指示作"黄船"，尽善尽美，极其坚固。虽遇大风浪，坐此船毫无可虑也。朕对于大小事物必穷究本源，复广征众议，然后实行之。[16]

朕明白西洋算术亦有可观之处。朕践祚之初即对西洋算术兴味盎然，其间耶稣会传教士汤若望（Adam Schall）与钦天监汉官杨光先不睦，相互参劾，而于午门外各展专擅，怎奈九卿之中无一知其法者。汤若望殁于软禁，朕嗣后修习天文之理，于康熙八年赦免汤若望知交南怀仁，赐封官爵，又于康熙二十一年擢升有加。康熙二十六年，耶稣会传教士洪若翰（Joannes de Fontaney，或译洪若）非法乘商船甫抵达中土，礼部行将驱逐出境，朕特允此一行人滞留北京；自康熙十九年，朕以满文与南怀仁探讨西洋技艺，亦谕令闵明我（Philippe Marie Grimaldi）、徐日升等俱习满文，俾以利与朕交谈。[17]

俟《尼布楚条约》（Treaty of Nerchinsk）媾和后，朕谕令耶稣会修士安多、张诚（Jean-François Gerbillon）、白晋（Joachim Bouvet，或译白进）俱习满文，并用满文撰书西方算术与欧几里得几何学论文。康熙二十九年后十年间，朕日日与耶稣会修士商议，数时才能罢休。朕与南怀仁详察铸造火礟之细节，命南怀仁修葺暗藏机关之大水法，在宫内打造风车。大阿哥胤禔领甫来华之博卡德（Brocard）与杜德美（Pierre Jartoux）修士监管养心殿营造事务，朕则监造自鸣钟与机械。[18] 徐日升授朕以大键琴依八音阶之律弹奏"布延州"曲，德理格（Theodricus Pedrini）向诸皇子讲究音律之精微，格拉迪尼（Giovanni Gherardini）在宫内为朕绘制多幅画像。[19] 朕亦知晓计算球体、正方体、圆锥体之重量与体积，丈量河道的距离与角度。嗣后，朕于巡游途中，依西洋算法，谕知监修河工主事计数确凿之法。朕亲视仪器，定方向。命诸皇子、侍卫等分钉桩木，以记丈量。朕遂取方形仪盘置于膝上，以尺度量，用针画记，朱笔点之。朕画地为记，晓谕臣工丈量土地亩数之法，纵然土地地形有犬牙出入亦无窒碍。朕又向群臣阐示，可先量河道闸口阔狭，计一秒河水流量，一昼夜河水流量多寡则可以数计矣。[20]

　　杜德美初进呈算日出入昏刻不同之表，朕以为不合用。后朕一改初衷，命杜德美再进呈该表。凡人孰能无过，但人有过多不自认为过，朕则不然。朕可推算何以北京可见月食，而西南之四川、云南两省月不食之理，此乃因地平线及地之体圆故，朕遂谕令四川、云南另行奏明月食之象；朕亦能比之钦天监臣工，确凿无误推算日食之初亏、食甚、复圆。朕着皇三子胤祉测得畅春圆纬度高三十九度、五十九分、三十秒。[21] 从来中国舆图难以考信，经络方隅迄无定论，朕遂谕令洋人自极南北达俄罗斯之境，自极东入西藏，依其算法，勘测天体度数，地表距离，以成皇舆全览图。

贵州巡抚刘荫枢待耶稣会修士雷孝思（Jean-Baptiste Régis）、费隐（Xavier-Ehrenbert Fridelli）以钦差大人之礼，朕纠正并斥之竟以"大人"称谓雷孝思、费隐，彼等仅系朕差遣至贵州勘会舆图之人。[22] 西洋之法虽与中土殊异，容或有精进可观之处，亦了无新意。[23] 凡算法之理，皆出自《易经》，西洋算法原系中国算法，彼称"阿尔朱巴尔"（译按一：即代数 algebra 译音）者，传自东方之谓也。自古论历法未言及地球北极之高度，自西洋人至中国方有此说，可见朱熹格物穷理之说乃至理：朱子论"地"时，比之为卵黄。西洋人算法之理与《易经》相通，亦有《河图》、《洛书》四正四维之说，其一、三、九、七顺而左旋者，参天之数也。中五特立，乃天三地二之合人位也。[24]

4	9	2
3	5	7
8	1	6

朕极推崇西洋人算术，以为"新法推算，必无舛错之理"，"西洋历，大端不误。"朕亦附言道，此时或稍有舛错，恐数十年后，所差越多。[25]

西洋人终究鼠目寸光，总不及朕之一、二，况西洋人等，无一通晓汉书，惟白晋一人，其人焚膏继晷修读《易经》，稍知中国书义。西洋人说言议论，令人可笑者居多。他们如何言得"中国之大理"也？ [26] 西洋人种种违逆之为，或不谙中国之法，或为中国无知之徒所诳骗。教化王（译按二：康熙不欲以"皇"字称教皇）使节多罗（Charles Thomas Maillard de Tournon，或译铎罗）所写奏本，抬头错置，字眼僭越，用"皇"字称谓其国人，不当用五爪龙边之纸本等。[27]

多罗于康熙四十四年初抵京廷时身体违和，朕待之以礼，恩准伊前至殿外候传，鞠躬致敬，免行跪拜大礼；但多罗既无法盘腿而坐，又无法采中国人的坐姿，朕特命宦官为多罗安置无褥垫长椅。值多罗中风疾病恶化，朕命人送他至汤山温泉静养。陛见时，朕赐多罗御馔果品，且亲执金樽赐酒，晓谕多罗，朕之特赐殊恩、备加荣宠，因他系教化王特遣使节，乃修道之人。[28]

然多罗乃偏信无赖之徒，颠倒是非。多罗上奏第一道奏折中，提及伊此行目的有三：代表教化王巡视信徒，请朕躬安，兼谢朕历年加恩优待在华传教士重恩。此乃多罗先前托词，朕谕令侍臣赫卡玛转告这位特使，此非甘冒危险千里迢迢跋涉东来之理；多罗才进一步吐实，谓教化王请准在华任命一谨慎、博学多闻之人驻在京城，职司教务"总管"，期使朕与罗马教化王常通消息。朕忖想此亦枝微末节之请，设若这乃多罗出使之目的，自可速速返回复命。朕费一番思量并阅览在京耶稣会传教士张诚、徐日升、闵明我迻译的多罗奏本后，以为此教务"总管"应系朕所熟悉，

专擅汉文，精稔中国风土民情，卜居中土十年有余，否则，易滋
生误会与困扰。朕终究亦不愿派遣赫卡玛常驻欧洲。多罗借赫卡
玛之口告诉朕，勿命京城耶稣会传教士膺任总管——朕遂探询朝
廷臣工，谁愿承担这乏善可陈的总管之职，并谕令耶稣会传教士
知会多罗，彼等无意谋求该职。张诚、徐日升禀奏朕，北京与罗
马互通消息乃多罗特使此行图谋之目的也。[29]

朕遂召多罗觐见，面谕多罗："教化王身体无恙否？"

"身体安好，耳闻陛下优礼款待其使节，殊感愉悦。"

"尔言甚是，朕素来待西洋人宽宏大度。况宽宏大度并切合
公理，乃治者所当为。宽宏大度自当出于公理，虽公理可以自行，
然宽宏大度亦有自存之理。朕迄今宽宏大度以待西洋人，乃彼等
行止得宜，谨守法度。若彼等初始即违逆律例，必依中国律例断处。
朕虽有意赦免，亦不得宽宥。"朕谕令通译张诚务必严正强调此点
后，又谓："教化王与尔等定能恤勉远道而来、经年离乡背井之西
洋人。"

此罗马使节禀奏道："远臣实能怜惜彼等之艰熬，易地而处体
认彼等旅途之疲惫。"

朕道："此时此刻，吾等可不拘形式议论，甚或面露莞尔恣意
放言。"

"陛下悠然经纬政务，治大国若烹小鲜。"

"尔尚有体力深谈否？"

"陛下言谈仁慈与大度，远臣为之雀跃。"[30]

值此之时，朕命近侍为使节、通译及随侍添加果品珍馔，追问道：“尔远道而来有何事？朕先前经中间人数度盘问，犹记尔之禀奏。今尔人在此，自可坦荡直言先前隐讳之事。勿虑尔之善辩，言谈举止当可自如，毋须挂碍。”多罗再次谢恩，且着手进行朕与教化王之间互通消息。多罗谓，对于西方诸国治者，此类交谊甚有裨益。

朕道：“择尔中意之人料理此事。”

罗马使节禀奏道：“承命办理双方邦谊之人，自当为教化王所亲信，与西洋各国诸王王廷交好，尤须熟稔罗马教廷。”

朕不禁扬眉，谕知多罗：“中国与西洋并无相关涉之事，朕念宗教之故容忍尔等，然尔等除挂念宣教及宗教义理之外，应概不予闻问。尔等虽源于各邦，所宗之宗教则如一，依此之故，即如所言，尔等皆能与教廷鱼雁往返。朕不解尔所言教化王亲信所指何人。吾中国举才，不作如此分殊。某人与朕之朝廷亲近，某人稍远，某人甚为疏离。然此人若无耿耿忠心，朕如何委以重任？尔等敢于欺诳教化王乎？尔之宗教不容打诳语，打诳语之人必遭天谴。”[31]

罗马使节答复道：“卜居中土之传教士，概为笃诚之人，然彼等对罗马教廷一无所知。诸邦使节麇集罗马，彼等皆专擅折冲樽俎，此等人于中土备受宠信。”

朕遂谕知多罗：“教化王果简拔举止合度、聪慧过人之士，犹如当今择居中土者，该人必为拳拳款待。若此人盛气凌人、唯我独尊，如尔所请，必将徒生事端。尔知彼等择居中土凡四十年，若彼等对朝廷政务懵懂，远道东来之人如何更胜一筹乎？朕惟恐难以一如往常，与该人共处。吾等须通译，此意谓居间之猜忌、窒碍。此人恐有犯错之虞，倘拔擢此人任教务总管，必代他人之过而贾祸，断依律例论处。"

罗马使节终究口吐人选，然朕说道："自利玛窦（Matteo Ricci）迄今，西洋人出入禁廷，朕断无责备彼等之理。朕望此言公诸西洋人通晓。"多罗言使节已于东来途中，乞请朕矜恤，并称颂朕本人。朕道："尔诸事已毕，当详禀教化王。"朕于殿门稍作踟蹰，说道："朕领会尔意。"及至多罗离去，朕面谕安多、徐日升、张诚："朕直言无讳赏识尔等，然多罗未尝附言。多罗对尔等不抱善意可见一斑，甚是猜忌尔等。"[32]

西洋使节所关切"中国礼仪"之争，朕虽百般琢磨，多罗却坚不吐实。朕甚为同意康熙三十九年十月二十日北京会士上奏之请愿书："拜孔子敬其为人师范，并非求福、祈聪明爵禄而拜也。祭祀祖先出于爱亲之义，依儒礼亦无求佑之说，惟尽孝思之念而已。虽设立祖先牌位，非谓祖先之魄，在木牌位之上。不过发抒子孙'报本追远'、'如在'之义。至于郊天之礼典，非祭苍苍有形之天，乃祭天地万物根源主宰，即孔子所云：'郊社之礼，所以事上帝也。'有时不称'上帝'而称'天'者，犹如主上不曰'主上'，而曰'陛下'，曰'朝廷'之类。虽名称不同，其实一也。"[33]（译按：这则请愿书原系闵明我、安多、徐日升、张诚用满文起草，以解释中国人之敬天、祭祖、祀孔的传统，并非是宗教崇拜的异端行为，澄清欧洲宗教界所引发的"中国礼仪之争"。康熙曾在奏本上朱批："这所写甚好，有合大道。敬天及事君、亲敬师长者，系天下通义。这就是无可改处。钦此。"据李天纲《中国礼仪之争：历史、文献及意义》书中所载，史景迁于本书所引 Antonio Sisto Rosso 这段西方通行之文字及康熙朱批，原系 Rosso 依据满文原件回译。1977 年，日本天理大学天理图书馆（Tenri Central Library）发现本文件的旧刊本，有拉丁文、满文、中文三种版本。查对光绪年间黄伯禄所撰《正教奉褒》一书，亦收录这段文字及康熙朱批，惟若干字眼略有出入。）

多罗难言之隐处，天主教阎当（或译颜珰）主教一一表白。伊抵热河禀奏朕，天为物，不可敬天，必当呼"天主"，方是为敬。阎当不惟蒙昧中国文理，且目不识丁，何能轻论中国理义之是非。譬如上表谢恩，必称皇帝"陛下"、"阶下"等语，莫非阎当以为陛下为阶下座位，乃工匠所造？又如，臣民敬称朕"万岁"，非字义所指，自开天辟地以至迄今，止七千六百余年，尚未至万年。[34]譬如幼雏物类，其母若殒逝，亦必哀恸数日；伊等西洋人倘父母有变，却置之不理，即不如物类矣。又何足与较量中国敬孔子乎？圣人垂教万世，使人敬亲侍长大道，此至圣先师应尊应敬也。伊西洋亦有圣人，因其行止足可典范，所以敬重之。西洋图画有"生羽翼之人"，彼谓"此系寓意天神灵速，如有羽翼，非真有生羽翼之人"。朕不解西洋字义，不便与之辩西洋事理，阎当知识偏浅，妄论尊圣。阎当冥顽不灵高谈阔论数日，强压愠怒，有辱使命地铩羽而归，实乃愧对天主教义理、违逆中国之罪人。[35] 朕之皇太子胤礽曾于他处语白晋："倘佛教等异教徒着衣，莫非尔等即祖胸露肚？彼修葺寺庙，汝建堂信奉上帝。尔自能虔诚奉教，若自矜自是，必招非议。"[36]

诸国必有一崇敬之神，我朝亦然，诸如蒙古、回子、番苗、猓猓（译按：又作猡猡，世居云南、贵州、越南北方之原住民）以及各国之人，皆有一所崇敬之神。诚如凡人各有一惧怕之物，有怕蛇而不怕虾蟆者，亦有不怕蛇而怕虾蟆者；[37] 各方风土不同，语音字母殊异。[38] 于天主教之中，耶稣会之人与"白多罗会"（Society of Peter）[39] 之人彼此不和，白晋与沙国安（Mariani）不和；在耶稣会之中，佛郎机人（即西班牙或葡萄牙人）只进佛郎机人之教堂，法兰西人只进法兰西人之教堂。此乃违逆宗教义理。朕闻西洋人说，天主常引人行好，魔鬼引人行不善，由不得他矣。[40]

最终，朕谕众西洋人，必遵利玛窦之规矩，若教化王因而召尔等回西洋去，朕自会对耶稣会修士说："尔等在中国年久，服朕水土，就如中国人一样，必不肯打发（尔等）回去。"教化王若说尔等有罪，必定教尔等回去，朕即带信与伊说："徐日升等在中国，服朕水土，出力年久。你必定教他们回去，朕断不肯将西洋人活着打发回去，将彼等头割了送回。"设若如此，尔等教化王即成了名副其实的"教化王"了。或者，朕倡议，既是天主教不许流入异端，白晋读中国书，即是异端，即为反教，何不将白晋拿到天主堂，当众将白晋烧死，明正其反教之罪，再将天主堂拆毁？[41]

朕于康熙四十二年南巡途中，觉察传教士散居中国各处，即提高警觉，希冀严加管束传教士：不分国籍将之成群聚集城内，登录名号、居址成册，若无朕之应允，断不可新设教所。此实因近日自西洋来者甚杂，亦有行道者，亦有白人假借为行道，难以分辨真伪。朕即下旨晓谕多罗："以后凡自西洋来者，不欲复还者，许其内地居住。若今年来明年去的人，不可许其居所。此等人譬如立于大门之前，论人屋内之事，众人何以服之，况且多事。更有做生意、跑买卖等人，益不可留住。"[42] 与多罗、阎当论辩之后，朕谕令众传教士领得印票才准于中国传教，誓言永在中国传教，不再回西洋，且遵循利玛窦成规。朕着四五十位不愿具结领票者放逐广州；多罗押解澳门，多罗秘书毕天祥（Ludovicus Antonius Appian）关押京城。[43]

纵然严加管束，西洋人仍令朕寝食难安。我国船厂所造之船多卖至海外；据臣工奏议，海船龙骨必用之广东特产铁梨笋木被偷卖海外；吕宋、噶喇吧（即今日雅加达）等处，即为中国贼匪之渊薮；红毛国人横行南洋。朕传谕广州将军管源忠细询京师尝于沿海地方居住者，并令沿海诸省总督到京会同详议。"海外如西洋等国，千百年后，中国恐受其累。"此乃朕"逆料之言"。诚如朕前日之挂虑，俄罗斯国势如在背芒刺。[44] 陈昂将军坚称，红毛国、法兰西国、西班牙国、英吉利国虎视眈眈，传教士、商贾勾结危害尤剧。朕不予苟同陈昂奏议将所有船只缴械，惟重申康熙八年之谕旨，禁止西洋人至各省宣教。[45]

在京耶稣会三修士苏霖（Jose Suares）、巴多明（Dominique Parrenin）、穆敬远（Joao Mourao）觐见条陈："臣等闻九卿议禁止天主教，议得很严。"

朕面谕伊等云："未曾禁绝天主教，奏本内所禁乃未领票的洋人，领票者不在禁绝之列。"

"然奏本不见陛下之细分。"

"确已分明，朕详阅奏本。倘尔等期使未领票之人能宣教，此断无可能之事。"

"但奏本内引有康熙八年之旨意。"

"然，未领票之人，必依康熙八年例禁止，与领票之人无涉。"

"臣等恐地方官一体视之，禁止领票之人宣扬圣教。"

"果若如此，领票之人即出示印票，地方官自应允许宣教。尔等自可宣教，惟当视中国人愿否听尔等宣教。无印票之人，令彼等来京朝觐陛见，朕即发给印票。"（言至此，朕不觉莞尔。）"然即领票之人，亦应允一时宣教。日后，再作定夺。"

"若地方官无端生事，臣等望陛下作主。"

"果有此事，俱奏来。"

"九卿罗织臣等谋反之罪，臣等万万担不得。"

"尔等勿虑，此衙门套话。"

"俟谕旨公诸天下，衙门差役必大肆搜查传教士与教徒，徒滋生事端。"

"详细搜查有此必要。朕遣李秉忠前往广州传旨总督，谕令一一盘查，将未持印票者聚集一处。朕亦传旨归返广州之总督杨琳，正待杨琳回奏。"[46]

多罗于陛见朕时曾云，在中国之洋人犹如沧海一粟，朕不由哂笑。[47]洋人措辞之猥琐、粗鄙，与和尚、道士异端小教相同，何以差别对待之？朕之御史论及，洋人上帝取人之灵魂与处子玛利亚之血形塑人体；声称耶稣降生于汉哀帝时，缘于人类之罪而钉死十字架；聚会时，奴隶主人、男女混居一室共享圣餐。朕问南怀仁，上帝何不宽恕其子赦免其不死？南怀仁虽为朕解说，朕仍难领会其意。又如，约当传闻中之诺亚（Noah）时，中国亦有洪灾之祸，一片水乡泽国，但逃往山上之人皆安然无恙。朕谕洪若翰，朕乐于见识其所谓之奇迹，然迄今仍未能亲眼目睹。[48]

曩昔，僧家、道士一一列记度牒，各寺观方丈、道长须登载徒众——未经朝廷应许，不容彼等在京城街市诵经、化缘或宣扬圣像，或为病人降魔驱邪治病。中国僧家、道士人数滋繁，据康熙六年列记在册者共十四万零一百九十三人，散居七万九千六百二十二座各式寺观，[49]然天主教徒人数之众亦不遑多让。朕于康熙二十七年尝面询南怀仁，伊称仅京城一地，即一万五千七百五十八人之众。[50]朕心知肚明，谕令禁绝寺观于事无补，然循"防微杜渐"之理亦无伤大雅。据此之故，朕谕令禁绝诸如"无为教"、"白莲教"、"闻香教"、"原龙教"、"沈阳教"等邪派，严惩未如实禀奏治下异端首酋之官吏。朕亦严行禁止"香会"，其会众男女杂处，或出卖淫词小说及各种秘药；[51]朕亦传谕焚削肆口妄谈、倒置是非之书版，严加查禁私刻文集——但天文算数之书不在禁止之列。[52]

朕治理期间，唯仅处斩撰述逆书之人戴名世。伊自求学即撰书、刊行悖逆之言，尚且与投效反贼吴三桂之方家（译按：指着有《滇黔纪闻》的方孝标家族）交好；戴名世入翰林院，仍隐匿早年所著之书册。在戴名世所撰《南山集》，伊沿用负嵎顽抗之南明三朝年号，无视于我大清定鼎中原。戴名世妄称，依儒家修史之理，南京之"弘光朝"、福建之"隆武朝"及先于广东、后辗转云贵间之"永历朝"，理应载于史册。戴名世论说，我朝严行查抄，世人多对明朝之倾覆讳而不谈，窃国者之斑斑史迹尽毁、湮没。戴名世坦言，据伊所知，各式书刊并未尽收于朝廷，即使"史馆"言明搜购之书刊，几无例外；戴名世亦知，告老隐士所撰之书册仍秘藏山野。戴名世妄言赓续司马光、班固遗风，不令史实尽毁于清风而灰飞烟灭，力搜断简残篇，汇聚成册。依刑部察审，戴名世应即行凌迟，年十六岁以上之男眷解部即行立斩，众女眷给功臣家为奴。朕于心不忍，从宽免凌迟戴名世，着即处斩；并此案牵连人犯，俱从宽治罪。[53]

纂修史书本为史臣之职，朕对我朝所修书之任，无容他诿，倘稍有不当舛误，后人将咎归于朕，《宋史》、《元史》之修可引为借镜。不惟如此，且元人讥宋，明人复讥元，朕不似前人，动辄讥笑亡国也。

然明朝亦有匪夷所思之事。明季崇祯尝学乘马，令两人执辔，两人捧镫，两人扶秋，仍已坠马，乃鞭责马匹四十，发配驿站当差。再者，有建殿巨石不能过午门，崇祯亦命将巨石捆打六十御棍。朕御极之初，常传谕尚存之明季太监如袁本清，详问明朝史实。此外，朕亦命四川籍户部尚书张鹏翮，问其父亲是否悉知流贼张献忠屠戮四川之事；朕亦曾亲见张献忠被俘之养子，彼等三人之耳鼻皆被割去之说，诚属确凿。[54]

大凡史书皆有讹误，不可尽信。如《史记》、《汉书》皆载，项羽坑杀秦军二十万。二十万士卒岂有束手待毙之理乎？朕遍览明代实录，立言过当、记载失实之处不胜枚举，如太后召崇王入宫，纵使《尚书》已有先例记载，群臣仍期期以为不可，或有百官跪于殿外，夏月天时炙热，乃至人多暴卒——但朕曾亲见将士披坚执锐，戮力于烈日之中，未闻因中暑而致死者；或有将明朝国祚颠覆，尽诿罪于太监一说。朕以为明之亡，缘起于朋党纷争，在朝臣子，一心以门户胜负为念，置封疆社稷于度外。[55]朕又面询宫内太监，俾以了解历史细节之来龙去脉。杨涟、左光斗二人在午门前受御杖而死，非殁故于狱中；天启皇帝呼太监魏忠贤为"老伴"，凡事皆委之独揽；明季皇帝俱不甚熟谙经、史，但崇祯颇能读书。或有陈述明代崇祯皇帝之死：流贼将至，崇祯率太监数人，微行至襄城伯父家，其家方闭门外出观戏，不得而入。崇祯四顾无策，犹欲出奔，太监王承恩阻拦曰："出奔恐受辱于贼。"崇祯乃罢议，以身殉国。而随崇祯自缢之太监者，系此王承恩，非书中惯记之"王之心"。故我世祖皇帝曾御制"王承恩碑文"，以旌表其忠。[56]

因史料散佚，故纂修《明史》甚难。天启朝实录有残缺，崇祯朝无实录，仅能就所有"邸报"编纂事迹，或但观野史记录，其中舛误甚多。修史史官语多抱怨，自万历以后，三朝事繁而杂，难以理出头绪。又，明代实录，自宣德以后，颇多讹谬。[57]

进而言之，明代相距不远，亦难免滋生偏浅之见。朕详晰批阅《明史》本纪、列传，并面谕示警纂修《明史》诸臣，切莫轻淡雠议前代君上，朕虽贵为今主，亦愿供后世公论，而盼能以前代君主为殷鉴。[58]朕谕知修史诸臣，作文岂有一字一句不可更改者，况今观翰林官所撰祭文碑文，亦俱乐于改易。朕本人摘略汇纂《资治通鉴》论断——三年内，朕于《资治通鉴》纲目大全诸书，皆逐行以朱笔亲手点定——且命大学士等善励杜讷。（唐太宗能听言纳谏，故君臣情谊浃洽。）[59]朕谕令修史诸臣，俟《明史》修成之日，应将实录史料并存，令后世有所考据。从来论人甚易，自省则难，若不审己之行止，而徒轻议古人，虽文辞可观，又何足道哉。[60]洪武、永乐二帝，宏图远迈前王，我朝现行规矩，因循洪武、永乐二朝而行者甚多，宣德亦为守成之贤君，不应轻论之。同时，不应将崇祯与"亡国之君"同论，其未尝不求励精图治，然国之颓势难挽。明之天下，隳堕于万历（神宗）、泰昌（光宗）、天启（熹宗）三朝，故不应入崇祀之内。[61]

修史宜直书事实，岂能空言文饰；切勿限期紧迫，以致要务多所疏漏。朕谕进呈平定三逆（藩）方略之大学士等云："是非得失，天下自有公论，岂誉之而增高，不誉而加损也耶？大抵记事，欲得其实而已。"[62]

　　甘肃巡抚齐世武勒令地方百姓立德政碑，俾以表彰其治绩。朕命齐世武降五级留任，示警曰："凡居官果优，纵欲禁止百姓立碑，亦不能止。如劣迹昭著，虽强令建碑，后必毁坏。闻昔日屈尽美，为广西巡抚，回京时，百姓怨恨，持锹镢锄其马迹。庶民之心，岂能强致耶？[63]

注释

1　**诗**　《康熙帝御制文集》，页二四二八。

2　**请益**　《庭训格言》，页九b至十。

3　**巧匠**　前揭书，页四十八b至四十九。周姓老人，见《清圣祖谕旨》，页十八b；朱四美，前揭书，页十九b。

4　**鹿、麋有别**　前揭书，页十七b；《庭训格言》，页四十七。

5　**乐器**　Legg, *The Chinese Classics*, IV, p.346。康熙论作诗赋，《庭训格言》，页四十六b至四十七。康熙高谈音律之理，前揭书，页八十六b至八十八b。

6　**潮汐**　《清圣祖谕旨》，页十六b。

7　**世务之理论**　体察世务，见《庭训格言》，页四十一b；古玩之说，前揭书，页六十一；安多（小传见Pfister, *Jesuits*, no.163），前揭书，页六十八b。进贡之狮，前揭书，页八十八b至八十九，以及Fu Lo-shu, *Documentary Chronicle*, I, p.52；海狮，见d'Orleans, *Conquerors*, p.111收录之南怀仁的信函。

8 **西洋奇技**　自鸣钟，见《庭训格言》，页六十四b至六十五；玻璃器皿，见高士奇，《蓬山密记》，页二（另可参考Fu Lo-shu, *Documentary Chronicle*, I, p.113）；漆器，见《庭训格言》，页六十三。

9 **读书应有疑**　前揭书，页一b至三。

10 **奇异之事**　d'Orleans, *Conquerors*, pp.142-143中徐日升（小传见Pfister, *Jesuits*, no.142）的信函；萤火虫与猛犸，见Fu Lo-shu, *Documentary Chronicle*, I, p.113；稻穗成血，见《大清圣祖仁皇帝实录》，卷二〇一，页十三。

11 **圣地**　张英，《南巡扈从纪略》，页十八；Spence, *Ts'ao Yin*, ch.4，叙述康熙南巡；五台山，见《大清圣祖仁皇帝实录》，卷一一四，页二十七b；泰山、舍身崖，前揭书，卷一一七，页三b。

12 **孔子故居**　康熙亲访曲阜阙里的扼要记载，前揭书，卷一一七，页二十五至三十一；孔尚任，《出山异数记》则有详细的叙述。

13 **诣孔子故居**　孔尚任，前揭书，页十至十五。问孔尚任年龄之段落，见孔尚任，前揭书，页二十b。康熙对孔子手植桧树的好奇，见张英，《南巡扈从纪略》，页六b至七。

14 **孔子坟墓**　孔尚任，《出山异数记》，页十七b至二十一。

15 **赐礼**　孔尚任，前揭书，页二十二、二十四b。《大清圣祖仁皇帝实录》，卷一一七，页三十一。

16 **船**　"沙船"，前揭书，卷一一七，页十。前揭书，卷二七〇，页十五未标明访苏州的日期，可能是在康熙诣苏州船厂之时。"黄船"，《庭训格言》，页七十一b至七十二。

17 **西洋天文学家**　《庭训格言》，页八十六。康熙谕旨的英译，见Fu Lo-shu, *Documentary Chronicle*, I, pp.35-38, 44-46, 58, 93，以及d'Orleans, *Conquerors*, pp.96, 129中南怀仁的信函。

18 **西洋算术**　讨论欧几里得几何学，见*Lettres édifiantes*, VII, pp.186-189；铸造火礮，《清圣祖谕旨》，页十六b；大水法，Flettinger MS., fol.2322；风车，Flettinger MS., fol.2321。简述南怀仁在机械方面的工作，见Spence, *To Change China*, pp.26-28。南怀仁的传记，可参考Bosmans, *Verbiest*。胤禔，见《庭训格言》，页五十七b, *Lettres édifiantes*, VIII, p.88。

19　**音乐与绘画**　高士奇，《蓬山密记》，页三b，及Pfister, *Jesuits*, p.382记徐日升与
音乐。至于德理格，Pfister, *Jesuits*, p.384, no.1称他是在康熙五十年成为宫廷乐师。
Rosso, *Apostolic Legations*, p.300（以及《康熙与罗马使节关系文书》第六函）指
出，德里格曾教康熙的皇三子、皇十五子、皇十六子。有关八音阶及音律，见
《大清圣祖仁皇帝实录》，卷一五四，页三b。康熙的皇三子胤祉与音乐，可参考
《望溪先生（方苞）年谱》，页十一b。《清圣祖谕旨》，页十九b，记康熙称许
胤禛（日后的雍正皇帝）的音乐技巧。格拉迪尼的宫廷画作，见Gherardini MS.；
康熙曾命西洋画师为其嫔妃作画，并向高士奇出示（见《蓬山密记》，页四）。
另见Fu Lo-shu, *Documentary Chronicle*, I, p.113。

20　**其他算术**　论重量与体积，见*Lettres édifiantes*, VII, pp.190-191；河工与周长，
见《大清圣祖仁皇帝实录》，卷二四五，页九至十一；河道闸口，前揭书，卷
一五四，页四。

21　**地平线与日食**　认错，《庭训格言》，页八；杜德美（其人小传可参考Pfister,
Jesuits, no.260），《清圣祖谕旨》，页十六b；地表曲度，《大清圣祖仁皇帝实
录》，卷二四一，页十一b至十二；日食，《大清圣祖仁皇帝实录》，卷二一八，
页一b；纬度，前揭书，卷二六〇，页十b至十一。

22　**舆图**　《庭训格言》，页六十八b至六十九b。雷孝思小传，见Pfister, *Jesuits*,
no.236；白晋小传，见Pfister, *Jesuits*, no.171。康熙谕令洋人绘制舆图的谕旨，见
《大清圣祖仁皇帝实录》，卷二八三，页十b至十二b。皇舆全览图的分析与复
制，见Fuchs, *Jesuiten-Atlas*。康熙纠正刘荫枢巡抚的朱批，见《故宫文献》，第三
卷，第一期，页一二六至一二七。费隐小传，见Pfister, *Jesuits*, no.274。

23　**了无新意**　桥本敬造，《梅文鼎の历算学——康熙年间の天文历算学》，页
四九七；*Eminent Chinese of the Ch'ing Period*, pp.570-571。《李文贞公（李光地）
年谱》，卷二，页十七（康熙于康熙四十二年收到梅文鼎的著作），以及卷二，
页二十五b（康熙于康熙四十四年与梅文鼎讨论这本书，并嘉勉之）。这本著作是
梅文鼎的《历学疑问》；卷四十六，页一、二，记载了康熙的讨论，页三扼要比
较了中土与西洋历学的异同。

24　**根源**　"阿尔朱巴尔"一词，见《大清圣祖仁皇帝实录》，卷二四五，页十b；
北极高度，见《清圣祖谕旨》，页十七；四正四维之说，见《清圣祖谕旨》，页
十一b。Needham, *Science and Civilization*, III, p.57。康熙对《河图》、《洛书》的
犹疑，见《庭训格言》，页七十六。

25　**舛错**　《大清圣祖仁皇帝实录》，卷二一八，页一b至二；卷二四八，页十b。

26 鼠目寸光 Rosso, *Apostolic Legations*, pp.305, 268，记白晋，及p.376，记令人可笑。另见《康熙与罗马使节关系文书》，第十四函。

27 误导 Rosso, *Apostolic Legations*, pp.285, 287；《康熙与罗马使节关系文书》，第五函，亦可见《清圣祖谕旨》，页十六。

28 多罗 Rouleau, "de Tournon," pp.285, 313, 316-317, ns.12, 14。

29 偏信 Rosso, *Apostolic Legations*, p.329；《清圣祖谕旨》，页十五b至十六；Rouleau, "de Tournon," pp.288-289, 292-295, 302, 309-310, n.78。

30 觐见 伊始，Rouleau, "de Tournon," pp.313-316。

31 觐见 继续，Rouleau, "de Tournon," pp.315-316, 318, n.18。

32 觐见 结束，Rouleau, "de Tournon," pp. 319-321。

33 中国礼仪 Rosso, Apostolic Legations, pp.138-145。

34 阎当 Rosso, *Apostolic Legations*, pp.339-340（及《康熙与罗马使节关系文书》，第十一函），以及p.358（及《康熙与罗马使节关系文书》，第十三函）。

35 物类与天使 Rosso, *Apostolic Legations*, pp.340, 353（及《康熙与罗马使节关系文书》，第十一、十三函），以及pp.366阎当的离去。

36 胤礽 Lettres édifiantes, IX, p.398。

37 崇敬之神、惧怕之物 《庭训格言》，页六十一b至六十二。

38 语音 前揭书，页五十五；语言字母殊异，《大清圣祖仁皇帝实录》，卷二四一，页十三；卷二八六，页三。

39 白多罗会 Rosso, *Apostolic Legations*, p.348（及《康熙与罗马使节关系文书》，第十三函），记白多罗会、耶稣会。

40 先知 Rosso, *Apostolic Legations*, p.237（及《康熙与罗马使节关系文书》，第十一函），记白晋与沙国安；ibid., pp.234-235，论佛郎机人、法兰西人，以及p.311（《康熙与罗马使节关系文书》，第七函），论魔鬼。

41 康熙的恫吓 Rosso, *Apostolic Legations*, pp.244（《康熙与罗马使节关系文书》，第四函），368（《康熙与罗马使节关系文书》，第十三函）。

42 传教士留在中土 Rouleau, "de Tournon," p.296, n.60；Rosso, *Apostolic Legations*, p.239（及《康熙与罗马使节关系文书》，第二函）。有关离华的种种困难，见Gherardini MS.于1701年11月写的信函。

43 具结领票 Rouleau, "de Tournon," p.268, n.7及p.287, n.47。Rosso, *Apostolic Legations*, pp.171-178与p.171, n.59有关马国贤（Ripa）神甫对于领票具结的描述。

44 对洋人的焦虑 《大清圣祖仁皇帝实录》，卷二七〇，页十一b；Fu Lo-shu,

Documentary Chronicle, I, pp.106, 122-123。

45 **陈昂** Fu Lo-shu, *Documentary Chronicle*, I, pp.123-126；de Mailla’s letter to de Colonia, *Lettres édifiantes*, XIV, p.86；另见Rosso, *Apostolic Legations*, p.315对陈昂的评论。

46 **耶稣会三修士** *Lettres édifiantes*, XIV, pp.129-133；Rosso, *Apostolic Legations*, p.321。

47 **沧海一粟** Rouleau, “de Tournon,” p.315, n.8 and p.320。

48 **洋人教义的粗鄙** Rosso, *Apostolic Legations*, p.376（及《康熙与罗马使节关系文书》，第十四函）。基督徒类似和尚、道士之说，见Fu Lo-shu, *Documentary Chronicle*, I, p.105；*Lettres édifiantes*, XIII, pp.381-384, 记处子玛利亚；Flettinger MS., fol.2323v, 记康熙与南怀仁的讨论；Bell, *A Journey from St. Petersburg to Peking*, p.154, 记诺亚；*Lettres édifiantes*, VII, pp.140-141, 记乐于见识奇迹。

49 **管理和尚道士** 《钦定大清会典事例》，卷五〇一，页一至四；卷五〇一，页五。

50 **基督徒** Fletting MS., fol.2320v.。杨光先于顺治十七年高估中国境内基督徒有一百万人（Fu Lo-shu, *Documentary Chronicle*, I, p.36）。依耶稣会修士的估计，康熙三十三至四十二年间，北京每年有六百成年人皈依天主教（*Lettres édifiantes*, VI, p.79）。

51 **禁教** 《庭训格言》，页四十、四十三；De Groot, *Religious Persecution*, pp.153-154；《钦定大清会典事例》，卷一三二，页四；《大清圣祖仁皇帝实录》，卷二三八，页七b；及卷一二九，页十四b，论禁卖淫词小说。

52 **查禁私刻文集** 王晓传，《元明清三代禁毁小说戏曲史料》，页二十二；《钦定大清会典事例》，卷七六七，页三。《大清圣祖仁皇帝实录》，卷二四八，页九，以及*Eminent Chinese of the Ch’ing Period*, p.701，皆指出康熙误以为戴名世与方孝标家族勾结。另见Goodrich, *The Literary Inquisition of Ch’ien-lung*, pp.77-78。

53 **戴名世案** 戴名世，《南山集》，页四一九至四二〇。第一部分的翻译，见Lucien Mao, “Tai Ming-shih,” pp.383-384。《大清圣祖仁皇帝实录》，卷二四九，页三；卷二五三，页十三。

54 **史书** 皇帝的责任，见《大清圣祖仁皇帝实录》，卷一五四，页七；《宋史》、《元史》，前揭书，卷二一八，页十一b至十二；不宜讥笑，前揭书，卷一七九，页十；崇祯骑马，前揭书，卷二四〇，页十b至十一；详问袁本清，前揭书，卷二五二，页七；询问张鹏翮，前揭书，卷二五四，页二十六b；亲见张献忠的养子，前揭书，卷二五四，页二十七。

55 **可信度** 论项羽，见前揭书，卷二七三，页十八；论明朝朋党之争，前揭书，卷一五四，页八至九。

56 **面询太监** 前揭书，卷二一二，页七；卷二四〇，页九；卷二五四，页二十六b；卷二五九，页七b。王承恩的自缢，前揭书，卷二一二，页七b。

57 **明史史料** "邸报"，前揭书，卷一一一，页三十二；论野史，前揭书，卷二七三，页十八；论事繁而杂，前揭书，卷一一三，页六，及卷一一一，页三十二b；讹误，前揭书，卷一四四，页十五。

58 **康熙详晰批阅** 论偏见，前揭书，卷一一一，页三十二b；后世公论，前揭书，卷一五四，页六b至七，及卷一一四，页二十八。

59 **纳谏** 翰林官，前揭书，卷一一三，页六b；记康熙的阅读，前揭书，卷一二一，页十八，及卷一五〇，页十七b至十八；论唐太宗，前揭书，卷七十三，页二十一b。

60 **并存实录史料** 前揭书，卷一三〇，页四。

61 **史料** 论洪武、永乐，前揭书，卷一七九，页十；论宣德，前揭书，卷一五四，页六b；论崇祯，前揭书，卷二九七，页八。

62 **事实** 前揭书，卷一二八，页三b，及卷一三〇，页四。

63 **齐世武、屈尽美** 前揭书，卷二一三，页十三。

第四章

寿

Growing old

赐老大臣 [1]

旧日讲筵剩几人，徒伤老朽并君臣。

平生壮志衰如许，诸事灰心赖逼真。

求简逡巡多恍惚，遇烦留滞累精神。

年来辞赋荒疏久，觅句深惭笔有尘。

——玄烨　康熙五十九年

北巡期间，朕赐高士奇"益元散"，治其鼻衄不止及下痢。益元散药方为：熟附子、干姜、甘草、人参、麦门冬（去心）各一钱，五味子十五粒，黄莲、知母各五分，葱白四茎，生姜五片，大枣四枚。此方可治戴阳躁渴闷乱。[2]

户部尚书王隲语朕，其居常服用药饵"萃仙丸"，五十年不辍，以是幸享八旬高龄。朕命王隲进呈萃仙丸药方，敕太医院依方调配。萃仙丸药方为：白莲蕊阴干四两，川续断酒炒三两，韭子微炒二两，枸杞子四两，芡实四两乳汁伴蒸，沙苑蒺藜微炒四两，兔丝饼二两，覆盆子酒炒二两，莲肉乳汁拌蒸三两，怀山药乳汁拌蒸二两，赤何首乌四两九蒸九晒，破故纸三两酒炒，核桃肉二两，龙骨三两水飞，金樱子三两去毛，白茯苓二两乳汁拌蒸，黄花鱼鳔三两炒成球，人参二钱，炼蜜丸如梧子，淡盐汤下。王隲觉察，此药方于四川尤具功效。四川天候阴湿、闷热交替，可防疟疾。陈调元（此人服萃仙丸，八十岁尚生一子）贻王隲萃仙丸药方。张璐大夫得此药方，将之收录在其所撰医书；张璐之子张以柔于朕南巡途中进呈此书。张璐所调药方，加一味山茱萸，但去韭子、核桃肉，另用白蜜封凝成丸状。淡盐汤下，空腹服之。[3]

魏象枢先后于保定府、侍经筵时两度昏厥，朕赐之"六君子汤"——人参、白朮、茯苓、半夏各二钱，甘草、陈皮各一钱，加生姜、大枣，清水煎服。可治脾胃虚弱、不能运化、胸满腹胀、大便溏泄。[4]朕遣御医李德聪，为老臣张玉书把脉，亦赐之六君子汤。嗣后，李德聪诊视曰，张玉书服六君子汤，六脉渐平，四肢浮肿消除，气力复济，调理后已无他患。[5]老人肚腹不调者，朕常赐之蒸熟"人参阳春白雪膏"。万善殿太监和尚（译按：《掌故丛编》页二十 b，原文如此，和尚应系依满文音译），有治痢疾水泻药膏，亦可试用。[6]

药品迥异有别，有用新苗者，有用曝干者，或以手折口咬，撮合一处。开立药方必先洞察病源，方可对症施治。又尝见药微如粟粒，而力等大剂，此等非金石之酷烈，即草木之大毒。古人有言："不药得中医。"非谓有病不用药也，而唯恐其误投药耳，故对脉象审究详明，推寻备细。康熙十二年（1673），时值朕青壮之时，尝躬奉太皇太后"滋补之剂"。但康熙四十九年朕亲服此类温补之药，乃知温补之药非平常人所宜，医必深明乎此，然后可无错误，不然，徒加重其疾病耳。朕谕李光地，宜戒慎服用温补之药。服补药，竟属无益。[7]药性宜于心者，不宜于脾。宜于肺者，不宜于肾。吾满洲老人多不服补药，而皆强壮，朕从不服补药；如使人"推摩"（按摩之谓），亦非所宜。推摩则伤气，朕从不用此法。

健康之道，惟饮食有节，起居有常，如是而已。[8]身体若有不豫，凡生冷硬物断断吃不得，鹅鱼亦当谨忌。家禽、羊肉、猪肉宜熟烂，不可烧烤。查慎行患腹疾，朕赐以西洋上药，并遣内侍传示曰："调饮食最为紧要，医书有云：'非湿热不作泻，非停食不作痛。'又云：

'通则不痛，痛则不通。'人皆知其调理，至饮食之时则不能矣。"江南提督昭武将军杨捷，前于闽省驻师扫荡海贼之时，累身受卤湿之苦，七十三岁犹能弯弓射箭，惟日日食粟一升、肉半斤，奉行简单之"养身术"。

诚如老子所言："知足不辱，知止不殆，可以长久。"凡人饮食之类，当各择其宜于身者，所好之物不可多食。即如父子兄弟间，我好食之物，尔则不欲；尔不欲食之物，我强与汝以食之岂可乎？[9] 农夫之所以身体强壮，至老犹健者，皆饮食淡薄之故也。朕每岁巡行临幸，尝喜食各地所栽植蔬菜，于身有益。高年人饮食每兼蔬菜，食之则少病。朕巡行临幸时，百姓争相进所得鲜果蔬菜等类，朕只略尝而已。此非朕恶食鲜果蔬菜，盖因百姓为尽微诚，所进鲜果蔬菜皆为初出。然鲜果蔬菜于正当成熟之时，食之气味甘美，亦且宜人，故朕必待其成熟之时始食之。[10]

江北之人强壮，其饮食断不可执意仿效大江以南单薄之人。不惟各处水土不同，人之肠胃亦迥异有别。[11] 是故，朕初见王隲病容满面，体瘦发苍（五年前，朕始知王隲之养生秘方乃得自荤仙丸药方），谕知朕平素简朴之食，其中有鲜奶、腌鹿舌鹿尾、苹果干、奶酪。[12]

疾病各有不同，治疗成效不一，若不见疗效而频换医人，乃自损其身也。人有病请治医疗，必以病之始末详告医者，则治之亦易。若隐匿病史，不以病原告之医者，徒误自身矣。[13] 医者术业有专攻，本朝太医院共有御医一百余人，设十一科，各专一科，分别举行考试、当差学习：大方脉、方脉、伤寒科、妇人科、疮疡科、针灸科、眼科、口齿科、咽喉科、正骨科、痘疹科。若有医术精湛之御医，如眼科医生闵体健，朕亦不时遣其携特调药方、金针，诊疗朕之股肱重臣。凡告老还乡之耆旧大员，若有疾者，于太医院药房诸医中，惟其所欲，延往调治，不必奏闻。盖若必俟奏请医，恐或缓不济急。[14]

朕在宫廷内步步设防，令药房医官会同内监，就药房合药，将药帖连名封记，具本记载本药方药性及治症之法；煎调之药，由药房医官及内监试而服之。[15]同理，洋人进贡之奎宁丸，朕亦命宫外之人及皇族先行试服。[16]西洋医生知识广博、医术超卓：其所酿之葡萄酒，乃滋补之品，罗德先（Bernard Rhodes）以白兰地酒加肉桂，治愈了朕心悸之疾。朕命罗德先同植物学家鲍仲义（Giuseppe Baudino）、药剂师魏弥喜（Miguel Viera），及御医马之骏、唐虞际，随朕巡游。[17]红毛医生医术果真神乎其技。昔日，蓝理将军于征台澎湖一役，迎敌礮，腹中弹，拖肠而出。红毛医生诊治之，蓝理遂无恙。嗣后，蓝理"破肚将军"之号不胫而走。朕于南巡途中遇蓝理，命蓝理解衣视之，抚摸伤处，嗟叹良久。[18]

用药须与疾病相投。如蒙古人有损伤骨节者，则采撷青色草名"绰尔海"之根，食之甚有裨益。朕令人验之，绰尔海即中土之"续断"。查升因坠马手痛未愈，十指不能屈伸，比复发肿。朕传谕令宰一羊，乘热以两手入羊胃，旋即痛止。征伐噶尔丹之役，朕于沙漠瀚海得"止血石"。朕虽不知止血石其性如何止血，凡吐血、衄血、便血，带此石多有止者。朕亦有"避风石"数珠，最利风疾，朕尝以避风石为恩赐之礼。满洲、蒙古将关外及口外所产之"奄格"（译按：yengge，《圣祖谕旨》之原始材料以满文记此名，史景迁译成 yengge）（朕遍查汉书，无有记载此果名色者），曝干食之，俾利于和脾养胃止泻去湿。朕喜新鲜，将之移植热河避暑山庄。此果性热，斟酌用二三匙即可也。设若头闷，可用"通关散"：用之吹鼻打喷嚏，则已解不正之气过半矣。再用"九合香"，熏熏亦好。[19]

近世之弊端，在于人多自称家传妙方可治某病，病家草率遂求而服之，往往药不对症。然医家对妙方之疗效亦多所犹疑。医家若开一方于前，又列数方于后。此一方果若尽善，则彼数方者，又何用乎？[20] 职是之故，其睿智及医术，总不及《黄帝内经》诸篇之义蕴。[21] 朕睽其义理颇为浅薄，依朕所读各家医书，彼夸夸其谈医术凌驾古人，此言乃属子虚乌有。今之医生若肯以应酬之工，用于诵读医理，推求奥妙研究，审医案、探脉理，治人之病视如己病，不务名利，不分贵贱，则临症必有一番心思，用药必有一番见识。然如今世俗庸医，乃市井无赖之徒居多，总不据理望问，信口胡诌，杜传开方，所以误人不计其数。朕深为伤心，却无法可施。盖彼等以行医小业维生，云游四方，各处餬口，各省督抚难以查拏。[22]

朕闻太监顾问行学医，谕之有志于学医，何畏乎不成？唯恐其大放厥辞，半途而废。医理虽无圣贤之经文，性理之奥妙，其理不为不深。论脉，有三部、五脏、七表、八里、九道之类，纷纭不一。论理，则有素问、难经、脉诀、分病、立方，医书千卷，不能枚举。朕黾勉顾问行曰："若溯源细求，端心学之，未尝不成。但观者为尔不能无虑也。恐劳心半途而成病，用力未成而年迈，曾未治人先不能治己，岂不痛哉？若学平常市井之俗医，不如不学。"[23]

有道士大言不惭，自夸修养得法，可以返老返童。但朕经年观察，究竟如常人齿落须白，渐至老态。观此凡世术士，俱欺诳人而已，神仙岂会降临尘世哉？彼等自吹自擂，旋即不攻自破。曩昔谢万诚、王家营欲以"炼丹"取信于朕，朕听其言妄诞不足信，乃醉汉、痴人之呓语。朕谕谢万诚、王家营曰："从来神仙之术，非一门，路甚广。方士之言，一闻轻信，其祸匪浅。况朕已阅者不止数百人，虽用功各异，来历则同。久而久之，往往自不能保，或有暴死者。"大道之理，难以三言两语解释殆尽。彼等甚至口出诳言妄语："盗天地，夺造化，攒五行，会八卦，永远不老可致，做释迦、做玉皇。"闻之心寒胆战，愈加令朕难以置信矣。

谢万诚起初云，七月后，香气可自体内而出，外气不入，但不及二月，谢万诚即另有推诿之辞。朕观谢万诚、王家营二人行径，与平常人无异：眼目昏花、齿落发白、步履艰难、精神不济，谈论稍多，便体力不支。

朕谕谢万诚、王家营曰："倘朕努力用功入于此道，朕所益不敢为，乃是不诳之中实不敢诳之大道也。朕只以岁月推长，见尔等水落石出，有真神仙之气相凭据。朕虽不信，五内自服矣。何苦着急如此。"

　　还有诸多非常诡谲之举，如避谷、纳气、二便、嘻水、采战、铅汞、炼丹、内丹之类，朕亲身目睹者不计其数，哪肯轻信一言。朕向来以忠厚待人，凡有此者，必令罄其所会，可者试看，不可者也就罢了，总未追究其根据。前者谢万诚、王家营所炼丹者，皆是此道，待之非有信也。诚然，自有"水落石出"之验矣。又如朕耳闻，有人立于某地数十年，或静坐于密室多年，此乃无稽之谈。朕深知，久坐者断难直立，久立者断难安坐。纵有鬼神奇技，亦难有此等能耐。江南百姓王来熊尝献炼丹养身秘书一册，朕不信其书，掷还之。[24]

　　满人萨满巫师乃向神灵祈祷，赐吾等寿比南山之福泽："啊！在跟前指引吾，与吾同行，前后护卫吾，全力祝吾心想事成，活到发苍齿黄，延年益寿，体魄强健。得神灵护持，家神庇佑，必能长命百岁。"[25]

　　牙齿未脱落者疼痛难忍，已脱落者则痛止，何苦问治牙痛方？况我朝先辈有言，老人牙齿脱落，于子孙有益。此乃福泽绵长之嘉兆也。有自幼随朕之近侍，时常以齿落身衰，不得食诸美味，行走不能及人为恨；朕年高，齿落殆半，食物虽不能嚼，但朕心欲食者，则必令人烹烂或捣成酱，以利下饭。[26]

　　凡人修身治性，皆当平日养成。人于平日养生，以怯懦机警为尚。未寒凉即添衣服，然冬月宁可衣服过厚，却不用火炉。盖近火炉者，衣必薄，出外行走必致寒感。由此朕未曾染患寒感，且能于冬月出猎；虽天候冷冽，出猎从不下帽檐，故面庞耳朵未尝冻伤。同理，朕自幼习惯心静，故能不摇扇、摘帽，而身不热。甚至夏月盛暑不开窗，不纳风凉，此即古人所谓："但能心静，即身凉也。"朕每见人深秋多有肚腹不调者，此皆因外贪风凉、内闭暑热之所致也。

宜忌之处必当忌之。凡秽恶之处，切勿身临，倘遇不祥不洁之物，即当遮掩躲避。有气味恶臭，比之广西瘴气还甚，侵入脑子。是故，凡居家在外，惟宜洁净。人平日洁净，则清气着身，若近污秽，则为浊气所染，而清明之气渐为所蒙蔽矣。但亦不宜洁净成僻，以致衣服稍有污染，则弃而不用；或下人着履者，皆不许入内；所居之室，一日扫除数次；亲属所馈饮食，俱不肯尝。[27]

不可讪笑残疾之人，即如跌蹼之人，亦不可哂弄。或有无知之辈，见残疾者每取笑之，其人若非自招斯疾，便殃及子孙。即如哂弄跌蹼，不旋踵间或有失足。[28]满洲人最忌讳令人搀扶；即便曩昔朕足背浮肿之时，不良于行，稍一触碰，不胜其痛，以是用手帕缠足，乘坐软舆，才命随侍稍作扶掖挪移。朕亦不令人搀扶，不持柱杖，惟大祭行礼之时，两旁命人稍微扶助即可。但今之少年，反令人扶掖，两手搀臂，观之甚是可厌。我等为人上者，罹疾便有许多人扶持使唤，心犹不足。如彼内监或是穷人，一遇患病，能使唤谁，虽有气，但向谁出耶？[29]

倘药石罔效，朕便祈祷皇天上帝，祈请庇佑，诚如朕为祖母太皇太后亲撰祝文曰："臣仰承天佑，奉事祖母太皇太后，高年荷庇，藉得安康。今者，疹患骤作。一旬以内，渐觉沉笃，旦夕可虑。臣夙夜靡宁，寝食捐废。处治药饵，遍问方医，罔克奏效。五内忧灼，莫知所措。"四年前，朕尝请祖母太皇太后幸五台山礼佛。朕观五台山奇景，群山层峦万叠，一涧飞瀑周流。天风飒然，雪霁千岫堆琼，松杉夹道。但祖母太皇太后从未亲睹五台山景致，从未临幸五台山圣境礼佛。去岁春日，朕即探勘路途。此番，朕亲领服侍祖母太皇太后之太监赵守宝前行，督工拓砌山径，令人演试用辇。每至陡峻处，校尉升辇，步履倾侧，朕不敢下视。朕自幼未尝登墙一次，每自高崖下视，总觉头犹眩晕，如彼高墙，何能登上。朕奏闻祖母太皇太后，告之五台山地势险绝，并谕令内监禀奏祖母太皇太后其亲眼所见，想必祖母太皇太后已有体会。祖母太皇太后旋即纳朕所劝，曰："岭路实险，予及此而止，积诚已尽。五台山诸寺，应行虔礼者，皇帝代我行之，犹我亲诣诸佛前也。"[30]

厥后，祖母太皇太后昏迷，朕日日随侍左右，虽知祖母太皇太后食不下咽，然凡所须汤药肴馔，无不齐全，唯恐祖母太皇太后有所遇而不能备。朕隔幔静候，席地危坐，一闻祖母太皇太后声息，即趋至榻前。祖母太皇太后临终之前，朕随侍身旁三十五昼夜，衣不解带，目不交睫。凡坐卧所需及饮食肴馔，无不备妥，如糜粥之类备有三十余品，期使祖母太皇太后若稍有欲用，可一呼即至。祖母太皇太后抚朕之背，垂泪啜泣。[31]

遗弃病笃老人断不能姑容；吾人可用钱两资助、或延聘医生，亦应遣派知交故友与病人闲话家常，扶持垂垂老矣之忠臣，或朕弟兄之仆人，或于塞外饱受水肿之苦的耶稣会传教士翟敬臣（Charles Dolzé），或宫内年迈公主。朕之姑母、皇太极之女、巴林淑慧公主，至彼年迈弥留之时，即迎至京师。凡一切应用之物，朕皆承理，以终天年。及公主病笃，见朕亲临视疾，含笑而逝。诚如朕于叹悼所言："病笃之人，朕见者亦多矣。如此含笑而逝者，从未一睹。"[32]

吾人亦可馈赠礼物取悦老人。巴林淑慧长公主每年皆进奉祖母太皇太后及朕各种油凝乳饼、羊腊，祖母太皇太后及朕则回赠以貂皮外褂、貂软袍、黑狐皮、绸缎。朕与之以物，必择其人所需用，或其平日所好之物赠之，始足以尽朕之心怀。不然但以人与我何物，而我亦以其物报之，是彼此易物名而已，毫无实意。朕将南巡途中品尝过之樱桃，驰送京师进献孝惠皇太后享用。朕自边外猎获虎肉（以草装匣打包）进奉祖母太皇太后，并一架自鸣钟、一架百花洋镜。朕赐太子胤礽内置跃动鸟儿之自鸣钟，赐索额图望远镜一架，赐张伯行眼镜一副，赐高士奇朕自佩之鼻烟壶二枚并鼻烟一瓶，赐李光地玉泉山水——盖因京中南城水甚是不堪，李光地肚腹不好，须得好水。亲情与孝道乃出于天伦至性与自省，并不限定朝见日期、不拘于礼节法度。[33]

彭定求年届七旬，朕赐之以"夔龙格水松花石砚"一方，上有铭文曰："以静为用，是以永年。"朕能久坐，与诸臣议论政事，或与文臣讲论书史，即与家人闲暇谈笑，率皆俨然端坐，此乃朕躬自幼习成。每日得一两个时辰静功，可以补数日之辛苦。如何说得难以静养，况朕静功已久，少得"真静"，但不能致其所以然耳。皆因业深障蔽之故，所以自责自备而已。[34]

王桢贯通三教，纯以自然无为、存神顺化为本，似真得为已知学者。王真人尝云，上智片时得效，中资旬日得效，最下亦不逾月必见端倪。朕遣范弘偲考王真人"危坐"之法。范弘偲即如法危坐，直至饥时为出。静候毕，略步一刻，即仍前坐。初时，目前一片明境界。片饷，觉目前有大片黄黑。腹中暖气腾起后，但见纯黄色暖气竟不断绝。觉一时辰之后，便置身晦冥，似睡非睡，又炳朗如初。此似道入杳冥之说也。大约一时之顷，必杳一回。而杳冥之候，尚不满一盏茶时。范弘偲定后询之，王桢云："是将会合兆也。"太监李兴泰、冯尧仁坐时更比以前静定。但范弘偲、李兴泰、冯尧仁禀奏，王真人之功夫口诀不容轻授。

朕细量王桢，心生诸多揣测：倘朕遂行其危坐之法，到时恐误政事。又入道之后，又怕不能脱身。依孔子之教诲，见识必然随年岁渐增而成长；据《黄帝内经》之说，身体之发育亦有其必由之规律：二八（即十六岁）肾气盛，天癸至，精气溢泻，阴阳和，故能有子；三八肾气平均，筋骨劲强，故真牙生而长极；四八筋骨隆盛，肌肉满壮；五八肾气衰，发堕齿槁；六八阳气衰竭于上，面焦，发鬓斑白；七八肝气衰，筋不能动，天癸竭，精少，肾脏衰，形体皆极；八八则齿发去。人虽可常保精力不泄，但难以传承子女。[35]

皇父世祖章皇帝二十三岁驾崩，朕未得一日于皇父膝下承欢。朕八岁之时，即截发素服，将父皇梓宫安奉乾清宫，张绣九龙黄

绮帐幔，钟声划破冬月京城。生母孝康章皇后十五岁时产下朕，
皇父驾崩后不旋踵即辞世。康熙二年，朕将母后祔葬于孝陵，与
皇父及皇父宠妃、死后追封为孝献皇后之董鄂氏长眠九泉。[36] 是
时，祖母太皇太后再三谕止，不令朕亲送孝康章皇后梓宫。今朕
之诸皇子及太皇太后，择于孝陵邻近处安葬。朕已薨逝之三位皇后，
亦于他处皇陵静候朕。永陵、福陵、昭陵（译按：据《钦定大清
会典事例》第九百四十三卷记载，永陵位于兴京启运山 [今辽宁省
新宾县永陵镇西北]，内葬努尔哈赤先祖。福陵位于盛京天柱山 [今
沈阳市东郊浑河北岸，俗称"东陵"]，为清太祖努尔哈赤与孝慈
高皇后之陵墓。昭陵位于盛京隆业山 [今沈阳市北郊，俗称北陵]，
为清太宗皇太极与孝端文皇后的陵墓。此系满人入关前之"盛京三
陵"）等祖先皇陵，连同孝陵，皆由钦天监有司杜如预、杨弘量看定。
皇陵四周群山环抱，主脉乃太行山迤逦东来。山陵呈龙腾凤翔之势，
河流于远方山岭两分，流至龙虎谷汇聚。[37]

　　年岁之于朝纲，利害参半。顾朝有老臣则利治天下，彼等无
可瓜代，是故应令其保全体魄，延年益寿。[38] 朕谕大学士等，年
过六旬之大臣，令其量力而为，间隔二三日一来启奏。至于折本，
遇紧要之事，朕有旨传进，方来请旨。朕降旨召黄宗羲至京辅佐，
不以专司任事。然黄宗羲年过八旬，以老病推辞不就。施琅以年
力已衰为由，祈请告老还乡。朕对之曰："为将尚智不尚力，朕用
尔以智，岂在乎手足之力乎？"大学士冯溥六十二岁始屡以老病
乞休，朕反问冯溥："果不肯相助为理耶？"冯溥虽年岁已高，但

六十四岁犹未衰也。朕将冯溥留用至七十五岁，谕之曰："今后虽无有职掌，仍可常至瀛台一看。"[39]

　　吾人应轸恤体肥及老疾者，天时暑热，勿令彼等急行。可于阴凉之地，暂为止息。朕心悯念旧臣年老衰迈，能步履者，令其上朝。如不能者，则听其家居，勿强也。朕亦免老臣每日黎明齐集午门外候奏，令彼等于家中各进糜粥，按时来奏。大臣节劳养体，亦可多为朕效力数年。朕不容年迈老臣轻言参劾，但求其不犯法，不贪渎，即已矣。再者，年龄之准，不必一体适用所有职官。督抚大吏，坐而办事，必须老成历练者，方能得当。州县官之职司，奔波访视，尤须精力充沛，则不可适用之。又，官员轮调新职，须严正思量。如师懿德本籍甘肃，转调署理江南提督。江南天气湿热，师懿德饱受疾病摧残。初即患肚腹泄泻，又起痈毒疮疹，左臂左腿时常麻木，心神怔忡不宁，饮食减少。有鉴于此，朕准师懿德请假休养。[40]

　　或有年老恋栈职位，体衰昏愦废事者，应勒令休致。如河工靳辅年老昏耄，专长已失。或有疾病未愈，应解任调理者。如安徽巡抚李鈵，面色黄瘦，口角歪斜，不能疾走。或有无效力勤劳之处，又恣意妄言，即当黜退，勿令其久占官职，徒使之荣显。有年老衰迈，应题请告休，未乞休者，着令革职。凡年老者，不令休致，则其下官兵皆老弱者。[41]

　　为人臣者，每每以年老糊涂，推诿职责。朕又安能以年老糊涂之由，卸下重担？朕年岁既长，心神恍惚，福尽祸至，"泰"卦之境已去：

> ……治者
> 天地交，泰；
> 后以财成天地之道，辅相天地之宜，
> 以左右民。

"否"卦之颓败险象踵继而来：

> 否之匪人，不利君子贞。大往小来。
> 则是天地不交万物不通也，上下不交而天下无邦也。
> 内阴而外阳，内柔而外刚，内小人而外君子。
> 小人道长，君子道消也。[42]

康熙二十八年南巡，朕由江宁登舟而下，江风大作。百官危惧，欲卷帆而止。朕独令扬帆，御风而行。朕伫立船头，射猎江豚，心神畅快。后又南巡，乘船渡江，微觉心动。今见人渡江，即为心悸。[43]

年岁渐高，令吾人不能久耐。朕年少时，不解老者所云："人至高年，则不能耐暑。"厥后朕年至五旬，即不能耐暑，稍受热则烦闷而不能堪。细思其故，盖由人年壮，血气强盛，水火平均，所以不显。年高则血气衰败，水不能胜火，故不能耐暑。

康熙二十八年，朕初体会自幼过劳，思虑所及已不复从前。

目力不能书写细字，诸疾时而发作，不离灸艾——其袅袅气味，即令朕头眩。朕时年三十又五。康熙四十七年，朕五十四岁，始觉晕眩，废立太子胤礽事出多端，朕深怀愧愤，日渐郁结，以致心神耗损，形容憔悴。康熙五十六年，朕知年岁日增，血气渐衰，征讨叛徒策妄阿喇布坦，羁延迟疑。如当朕少壮之时，早已成功矣。然今朕腿膝疼痛，稍受风寒，即至咳嗽声哑。[44]

昔大学士阿兰泰、伊桑阿上奏，彼等年老，请旨事件，每有遗忘，故祈请告老还乡。朕谕之曰："大学士最为重任，必平坦雍和，办事敬慎者，方为称职。至于记事，可由学士分任之。"然朕观今时学士，皆不及昔年阿兰泰、伊桑阿，俱能强记，又善于办事；奏本惟以一二语约略言之，于事不细观强记，而欲苟且偷安，令朕临事难以定夺。

年届耄耋，朕虽能记细节之事，如额德勒呼涉及刑案，此人四十年前乃一弓匠。但今凡事易忘，向有怔忡之疾，越觉迷晕。朝政之事，尚能记之。看过之书，今已不能俱记矣。朕览过之书，日月间隔，仅记片段内容；纵然朕知应稽考某卷某处，该书陈列何方。朕尝谕马齐："朕一生所赖，惟在记性。"[45]

人在童稚之时，精神专一通利，长成以后，则思虑散逸外驰。是故，应须早学，勿失机会。朕七八岁所读之经书，至今五六十年犹不遗忘；至于二十以外所读经书，数月不温，即至荒疏矣。然人或有幼年坎坷，失于早学，则于盛年尤当励志。盖幼而学者，如日出之光，壮而学者，如炳烛之光。[46]

注释

1　**诗**　《康熙帝御制文集》，页二四六八。

2　**高士奇的药方**　高士奇，《塞北小钞》，页一，"益元散"药方。其余病兆，则
　　可参见页四b、六、九。张璐，《医通》，卷十六，页九十六b的益元散药方。
　　此处及下述的药材，见Bretschneider, *Botanicon Sinicum*，Wallnöfer, *Chinese Folk
　　Medicine*，以及谢观编，《中国医学大辞典》。

3　**王隲的药方**　这段情节，见《王大司农（王隲）年谱》，页四十b至四十一。药
　　方，见钮琇，《觚剩续编》，页六四三七。根据王隲年谱的记载，王隲声称，萃仙
　　丸让他精力旺盛，过去四十年来，与六十八名女子享受鱼水之欢。另见张璐，《医
　　通》，卷十四，页一一三。

4　**魏象枢的药方**　《魏敏果公（魏象枢）年谱》，页六十三。"六君子汤"，见谢观
　　编，《中国医学大辞典》，页四三三；张璐，《医通》，卷十六，页五十三b。

5　**御医李德聪**　《故宫文献》，第一卷，第四期，页一九二至一九五。这些丰富的情
　　节，可作为医学研究的珍贵素材。

6　**老人**　《清圣祖谕旨》，页二十b至二十一。

7　**药品**　《庭训格言》，页五十六、九十八至九十九。《大清圣祖仁皇帝实录》，卷
　　四十二，页八，及卷二四六，页二b。

8　**养生**　前揭书，卷二三〇，页七；《故宫文献》，第一卷，第二期，页一九五，康
　　熙指示宋荦："年老之人，饮食起居须要小心。"《庭训格言》，页三b、五十六b
　　至五十七。

9　**饮食**　《清圣祖谕旨》，页二十二，记鸟、鱼；Bell, *Journey*, p.136描述这并非御膳

的烹调方法；《查他山（查慎行）年谱》，页十四b至十五；杨捷将军一节，见徐秉义，《恭迎大驾纪》，页二，以及董文骥，《恩赐御书纪》，页一b。《庭训格言》，页十四b至十五，论老子；前揭书，页四十八，论各择其宜。

10 **淡薄蔬菜** 前揭书，页三五b、三十七b。

11 **江南、江北** 前揭书，页六十二b至六十三。

12 **王隲** 《王大司农（王隲）年谱》，页二十八。

13 **坦白告之** 《庭训格言》，页九十七b至九十八。

14 **太医院各专科** 《钦定大清会典事例》，卷一〇〇五，页三b至六，记朝廷太医院的制度。闽体健大夫，见《故宫文献》，第一卷，第四期，页一一八。《大清圣祖仁皇帝实录》，卷二七四，页五，记康熙赐"空青"药方给朝鲜国王李淳治疗眼疾。前揭书，卷四十一，页十二，记赐药给朝臣。

15 **试而服之** 《钦定大清会典事例》，卷一一〇五，页七b至八。

16 **奎宁** Spence, *Ts' ao* Yin, p.260。

17 **大夫** 中国御医，见高士奇，《塞北小钞》，页一、六b、九；西洋医师、植物学家，及康熙三十九至四十一年间入华供职的Frapperie，见PRO（Gherardini MS.），SP9/239, nos. 12,13。亦可参考Pfister, *Jesuits*, pp.555-557 （Rhodes），476 （Baudino），633 （Viera），563 （Frapperie）。

18 **蓝理将军** 陈康祺，《郎潜纪闻三笔》，卷四，页十三b至十四b。另，高士奇，《松亭行纪》，页二十八b，记载了康熙也抚摸了一位蒙古老将军身上二十四处的创伤。

19 **用药须与疾病相投** 《庭训格言》，页五十六，记载之"绰尔海"，相当于西洋的sonchus asper；查升，见汪灏，《随銮纪恩》，页二八八；《清圣祖谕旨》，页十一，记"止血石"；《大清圣祖仁皇帝实录》，卷二一〇，页二十一b，记"避风石"；《清圣祖谕旨》，页十七b，记"奄格"；前揭书，页二十b，记"通关散"、"九合香"。

20 **开药方** 《庭训格言》，页九十八b至九十九，以及《大清圣祖仁皇帝实录》，卷二三〇，页七。

21 **及《黄帝内经》诸篇** 《大清圣祖仁皇帝实录》，卷一二〇，页二十二b至二十三。《黄帝内经》诸篇的英译，见*Veith, Huang-ti nei-ching*。

22 **浅薄义理** 《庭训格言》，页九十八，记求名利；《清圣祖谕旨》，页二十b，记信口胡诌；《大清圣祖仁皇帝实录》，卷二五〇，页十八b，记各处胡口。

23 **太监顾问行** 这段情节，见《清圣祖谕旨》，页十九b至二十。五脏是指心、肺、肝、肾、胃。

24　**道士**　《庭训格言》，页八十五至八十六的一般性评论。谢万诚、王家营的细节，见《清圣祖谕旨》，页二十一至二十二。掷还之，见《大清圣祖仁皇帝实录》，卷一三九，页三十。

25　**萨满巫师**　De Harlez, *Religion Nationale*, pp.116-117。

26　**牙齿**　《庭训格言》，页四十四、八十四b至八十五。

27　**平日养生**　前揭书，页三b，记身与心；前揭书，页六十八，记添衣；前揭书，页七十四b至七十五，记勿近火炉；前揭书，页七十五，帽檐；前揭书，页三b至四，耐热；前揭书，页四，心静；前揭书，页七十，禁忌；《清圣祖谕旨》，页十四b，恶臭味；《庭训格言》，页九，勿近污秽；前揭书，页七十b，不宜洁净成癖。

28　**残疾者**　前揭书，页六十五b至六十六。

29　**搀扶**　前揭书，页八十九b，记忌讳；前揭书，页六十七，论不胜其痛。《大清圣祖仁皇帝实录》，卷二七五，页十b，记稍微扶助；卷二七六，页五，记缠足及软舆；前揭书，卷二四八，页二十二b，记大祭行礼；《庭训格言》，页九十，论今之少年；前揭书，页六十七b至六十八，平静忍痛。

30　**祖母**　《大清圣祖仁皇帝实录》，卷一三二，页一b，记祈祷；康熙派人勘察五台山，前揭书，卷一〇七，页十九，信中描绘的景致，见《清圣祖谕旨》，页一；《庭训格言》，页四十九b，记登高眩晕；最后的决定，见《大清圣祖仁皇帝实录》，卷一一二，页十五至十六，日期为康熙二十二年九月二十三、二十四日（《康熙帝御制文集》，页二六〇，显示这位太监是赵守宝）。《钦定大清会典事例》，卷三一一，页十六b处出现了罕见的讹误，文内记载是嫡母孝惠章皇后，而不是康熙的祖母孝庄文皇后陪同而行。但《大清圣祖仁皇帝实录》，卷一一二，页十b，及其他文献均清楚显示，陪同康熙的是祖母孝庄文皇后。亦可见《庭训格言》，页十三至十四。

31　**祖母辞世**　《大清圣祖仁皇帝实录》，卷一三二，页四，以及《庭训格言》，页八十三b至八十四b。

32　**奉养老人**　《清圣祖谕旨》，页十b。Charles Dolze, PRO（Gherardini MS.），SP9/239, no.13, from Gerbillion to Le Gobien, Peking, 8 Octorber, 1701。康熙谕令格拉迪尼，及两名中国官员、随从服侍翟敬臣。康熙亦谕令白晋、卫嘉禄（Belleville）自北京来与翟敬臣作伴。（这份史料，可作为Pfister, *Jesuits*, no.230, Dolze小传的补充；同时，亦可补充Pfister, *Jesuits*, no.237, Brother Charles de

Belleville的传记。）淑慧公主，见《大清圣祖仁皇帝实录》，卷一九七，页四b。

33　**礼物**　赐礼淑慧公主，见《康熙帝御制文集》，页一三五；取悦，见《庭训格言》，页一○○b；Spence, *Ts'ao* Yin, p.147，记孝惠章皇后；《康熙帝御制文集》，页二六四，以及《大清圣祖仁皇帝实录》，卷二○一，页十八b，记祖母太皇太后；Flettinger MS., fol.2319v，记胤礽；du Halde, *General History*, IV. p.224中张诚的信，记索额图的礼物，但日后康熙说要索回！《张清恪公（张伯行）年谱》，卷一，页二十九；高士奇，《蓬山密记》，页四b；《清圣祖谕旨》，页十二b，记李光地。康熙在《庭训格言》，页三十五b、三十六b、三十七、四十五，反复重申孝道乃出于天伦至性与自省的道理。

34　**真静**　《南畇老人（彭定求）自订年谱》，页十八；《庭训格言》，页二十b；《清圣祖谕旨》，页十四b。

35　**术士王桢**　《故宫文献》，第一卷，第三期，页一八○，其中有康熙的朱批。儒家的阶段说，见《庭训格言》，页十一b至十二b。《黄帝内经》之说，见Veith, *Hung-ti nei-ching*, pp.99-100。《大清圣祖仁皇帝实录》，卷一二○，页二十二b至二十三，记康熙通览此书。

36　**家人之丧**　前揭书，卷二九○，页十二b至十三（康熙自述，他因未染天花，故与其乳母被迁出紫禁城避痘，所以他说未得一日于皇父膝下承欢。）顺治大丧之典，见《钦定大清会典事例》，卷四五六，页十二至十四。满人的丧礼，见de Harlez, *Religion nationale*, p.48。唐邦治编，《清皇室四谱》，页四十八，记康熙母后。家人葬礼，见《钦定大清会典事例》，卷四五六，页二十七b至三十二；《大清圣祖仁皇帝实录》，卷九，页十四b，有概略记述；火葬，见*Eminent Chinese of the Ch'ing Period*, pp.258, 302。

37　**皇陵**　不令亲送，见《大清圣祖仁皇帝实录》，卷九，页五、十四b；皇陵区位，见De Groot, *The Religious System of China*, III(book1), p.1290；其余嫔妃的陵墓，见《钦定大清会典事例》，卷四三二，页十六b；皇陵区位的看定者，可见《大清圣祖仁皇帝实录》，卷十四，页二十八。其中这份谕旨，记载了钦天监官员的名字，英译见Fu Lo-shu, *Documentary Chronicle*, I, pp.37-38。皇陵地势，见De Groot, *The Religious System of China*, III(book1), pp.1284-1285。陵墓的细节与维护，见《钦定大清会典事例》，卷九四三，页二至十二，及卷九四五，页六。

38　**年岁本身**　《易斋冯公（冯溥）年谱》，页十七b；《大清圣祖仁皇帝实录》，卷二四一，页十三b，及卷二四六，页十四b。

39　**老顾问**　论大学士，前揭书，卷一六一，页十b至十一；《黄梨洲先生（黄宗羲）

年谱》，卷二，页十二（黄宗羲乃一代宗师，忠于前明，不愿仕清；黄宗羲的传记，见*Eminent Chinese of the Ch'ing Period*, pp.351-354）；论施琅，见《大清圣祖仁皇帝实录》，卷一三六，页十一b；《易斋冯公（冯溥）年谱》，页十五b至十六、十九、二十b。

40 **老与病** 论勿令疾行，见《大清圣祖仁皇帝实录》，卷一三六，页十一b至十二；能步履者，见卷一二三，页十四；进糜粥，见卷一六一，页一b；不容轻言参劾，见卷二一八，页五；不必一体适用，见卷二〇三，页二十六b（《大清圣祖仁皇帝实录》，卷二〇三，页十六处，康熙云："张鹏翮自到河工，在署之日甚少。每日乘马，巡视堤岸，不惮劳苦。"《故宫文献》，第一卷，第四期，页九十七，记气候的变化。

41 **无能官员** 《大清圣祖仁皇帝实录》，卷一二七，页十四、卷一三一，页二十二b，以及卷一三七，页六b；论靳辅，前揭书，卷一五七，页十三；论李鈵,前揭书，卷一九九，页五；怠惰，前揭书，卷二二七，页二；告休、革职，前揭书，卷二二三，页十五，以及卷一九九，页六。

42 **泰、否两卦** 前揭书，卷二七一，页二十四b至二十五，其内容已可预见第六部"谕"中之措辞。I Ching (Wilhelm), pp.49, 447。这两卦在《大清圣祖仁皇帝实录》，卷二七五，页十b处的谕旨已经论及了。

43 **渡江** 《大清圣祖仁皇帝实录》，卷二二七，页三b至四；《康熙帝御制文集》，页一五一六。

44 **忍耐** 耐暑，《庭训格言》，页四十三b；目力，《大清圣祖仁皇帝实录》，卷一四〇，页二十三b；灸艾，《庭训格言》，页九十九b，及《大清圣祖仁皇帝实录》，卷一六九，页十五；头眩，见《大清圣祖仁皇帝实录》，卷二三二，页二；形容憔悴，前揭书，卷二三六，页十六，及卷二七三，页五；论策妄阿喇布坦，前揭书，卷二七三，页五b；咳嗽声哑，前揭书，卷二七五，页一b至二。

45 **记忆** 论阿兰泰、伊桑阿，前揭书，卷一九一，页十b；论今时大学士每况愈下，前揭书，卷二三一，页六b；强记，见《圣祖西巡日录》，页二十三b；额德勒呼一案，见《大清圣祖仁皇帝实录》，卷二七三，页十五；迷晕，前揭书，卷二七四，页二十五b；看过之书不能俱记，前揭书，卷二五〇，页十六b；仅记片段内容，前揭书，卷二一七，页一b至二；谕马齐之语，前揭书，卷二七三，页十五。

46 **早学** 《庭训格言》，页一一三b至一一四。

第五章

阿 哥

Sons

江宁驻跸皇太子启至请安兼报读完四书 [1]

先圣有庭训，所闻在诗礼。虽然国与家，为学无二理。

昨者来江东，相距三千里。迢遥蓟北云，念之不能已。

凌晨发邮筒，开缄字满纸。语语皆天真，读书毕四子。

龆年识进修，兹意良足喜。还宜日就将，无令有间止。

大禹惜寸阴，今当重分晷。披卷慕古人，即事探奥旨。

久久悦汝心，自得刍荛美。

——玄烨　康熙二十三年

玄烨生于顺治十一年（1654）三月十八日。

御极之初，即顺治十八年，阿郁锡之女、蒙古科尔沁博尔济吉特氏，奉命入宫服侍玄烨。

康熙四年（1665），玄烨与领侍卫内大臣噶布喇之女赫舍里氏举行大婚，厥后册封赫舍里氏为孝诚皇后。

康熙六年，荣妃马佳氏产下一男，三岁殇逝。

康熙七年，妃嫔张氏产下一女，三岁殇逝。

康熙八年，孝诚皇后赫舍里氏产下一男，三岁殇逝。

康熙九年，惠妃纳喇氏，产下一男，一岁夭折。

康熙十年，端嫔董氏产下一女，两岁殇逝。荣妃马佳氏产下一男，两岁夭折。

康熙十一年，惠妃纳喇氏产下一男，系玄烨的皇长子胤禔。

康熙十二年，荣妃马佳氏产下一女，是为荣宪公主。

康熙十三年，妃嫔张氏产下一女，四岁殇逝。荣妃马佳氏产下一男，夭折。孝诚皇后赫舍里氏生下第二子，后难产薨逝。这个孩子取名胤礽，乃皇二子，嗣后册封为太子。三日后，贵人兆佳氏产下一女，是为端静公主。

康熙十四年，荣妃马佳氏产下一男，两岁殇逝。

贵人纳喇氏产下一男，五岁夭殇。

康熙十六年，荣妃马佳氏产下一男，是为皇三子胤祉。

康熙十七年，自幼入宫的德妃乌雅氏，产下一男，是为皇四子胤禛。

康熙十八年，端嫔董氏产下一男，一岁夭折。贵人郭络罗氏产下一女，是为恪靖公主。郭络罗氏其姊宜妃，产下一男，是为皇五子胤祺。

康熙十九年，德妃乌雅氏产下第二男，是为皇六子胤祚，但五岁殇逝。成妃戴佳氏产下一男，是为皇七子胤祐。

康熙二十年，良妃卫氏，时为宫女，产下一男，是为皇八子胤禩。

康熙二十一年，德妃乌雅氏产下一女，两个月即夭折。

康熙二十二年，皇贵妃佟佳氏，厥后于薨逝前一天册封为孝懿皇后，产下一女，早夭。贵人郭络罗氏产下一男，一岁夭折。宜妃郭络罗氏产下一男，是为皇九子胤禟。德妃乌雅氏产下一女，即温宪公主。温僖贵妃钮祜禄氏，产下一男，即皇十子胤䄉。

康熙二十四年，贵人纳喇氏产下一女，是为纯悫公主。宜妃郭络罗氏产下一男，是为皇十一子胤禌，但十一岁即殇逝。温僖贵妃钮祜禄氏产下一女，一岁夭折。定嫔万琉哈氏产下一男，是为皇十二子胤祹。

康熙二十五年，德妃乌雅氏产下一女，十一岁殇逝。敏妃章佳氏产下一男，是为皇十三子胤祥。

康熙二十六年，敏妃章佳氏产下一女，是为温恪公主。

康熙二十七年，德妃乌雅氏产下一男，是为皇十四子胤禵(后易名为胤祯)。

康熙二十八年，贵人袁氏产下一女，是为悫靖公主。

康熙三十年，敏妃章佳氏产下一女，是为敦恪公主。平妃赫舍里氏，即已故孝诚皇后之妹，产下一男，二个月薨逝。

康熙三十二年，密嫔王氏产下一男，是为皇十五子胤禑。

康熙三十四年，密嫔王氏产下一男，是为皇十六子胤禄。另一位妃嫔王氏，产下一女，十二岁薨逝。

康熙三十六年，勤嫔陈氏产下一男，是为皇十七子胤礼。

康熙三十七年，妃嫔刘氏产下一女，两岁薨逝。

康熙四十年，密嫔王氏产下一男，是为皇十八子胤祄，但七岁薨逝。和妃瓜尔佳氏产下一女，夭折。

康熙四十一年，妃嫔高氏产下一男，两岁薨逝。

康熙四十二年，高氏又产下一女，亦两岁薨逝。康熙四十五年，高氏又产下一男，是为皇二十子胤祎。

康熙四十七年，妃嫔钮祜禄氏产下一女，夭折。

康熙五十年，妃嫔陈氏产下一男，是为皇二十一子胤禧。妃嫔色赫图氏产下一男，是为皇二十二子胤祜。

康熙五十二年，另一位妃嫔陈氏产下一子，夭折。妃嫔石氏产下一男，是为皇二十三子胤祁。

康熙五十五年，妃嫔陈氏产下一男，是为皇二十四子胤祕。

康熙五十七年，史未记名之妃嫔产下一男，出生之日即夭折。

康熙有后妃三十人，共生下五十六个子女：二十个女儿，其中仅八个长大成人、完婚；三十六个儿子，其中二十个长大成人，计有十八人生育子嗣共一百二十三人。[2]

朕常对诸皇子说："春夏之时，孩童戏耍在院中无妨，毋使坐在廊下。"

朕常告诫诸皇子，切勿如无赖小人，动辄恶言相向，宜把持喜怒之气。少时血气未定，戒之在色，壮时血气方刚，戒之在斗。朕后宫只三百人，未近使之宫女，年近三十者即出，由其父母令婚配。汝众阿哥宜效法朕行，切勿浪掷金钱于女子脂粉，并节用宫中毡毯等物。勿羡千金衣裘——此非必需之物，且风尚捉摸不定：朕少时贵人所尚者唯貂，续有狐皮、天马（即银鼠）之类。朕之驸马耿聚忠着一银鼠皮裤，众人皆环视以为奇，而今银鼠能值几何？

朕亦常语之诸皇子：“生日为载诞昌期。”[3]

朕幼年习射，众人皆称曰善射，唯独一耆旧教射师傅不虚意奉承，不为苟同。正因彼严格传授，朕方能骑射精熟。[4]故朕日率诸皇子及近侍侍卫人等，于花园射鹄演练。朕又训诫彼等，我朝旧典断不可失，服、食、器、用，应承我朝古制，不可随昔金、元二代君主，因久居汉地，渐入汉俗。故朕倡言，彼等应快意于无垠天地之间，断不可如汉人自作聪明，闭锁于狭隘之室。[5]

朕谕之诸皇子，为学之功有三等：汲汲然者上也，悠悠然者次也，懵懵然者又其次也。而懵懵者非不向学，唯心未达也，诱而达之。惟悠悠者最为害道，因循苟且，一曝十寒，以至皓首没世。故朕宁彼等为学循循而入，渐渐消化，不可躐等而进。[6]

自孩提以至十余岁，此数年间，浑然天理知识未判。一习学业，则有近朱近墨之分；及至成人，士农工商各随其习。故凡人应令天性、学业、习气，各安其分，断无终南捷径之理。[7]

教子若溺恤过甚，反而害之。娇养长大成人，若非痴状无知，即任性狂恶。看来教子必自幼严饬之为上。[8]

朕之诸皇子多令人视养。大阿哥胤禔养于内务府总管噶禄处；

三阿哥胤祉养于内大臣绰尔济处；五阿哥胤祺养于孝惠皇太后宫中。[9]二阿哥胤礽，乃孝诚仁皇后所生之独子，两岁时册立为皇太子，由朕亲养于东宫。胤礽四岁时出痘痊愈，朕心欣悦，遣官致祭圜丘、方泽、太庙、社稷，重赏医官甄国鼐。朕，一国之君，煦妪抚育胤礽。胤礽幼时，朕亲教以读书。继令大学士张英、熊赐履教以性理诸书，又令老成翰林官随从，朝夕教诲，胤礽不可谓不知义理矣。胤礽善读书，工骑射；师从翁叔元修读《尚书》，观赏王原祁作山水画。朕躬亲调教胤礽治国方略，父子俩共同商议内乱对应之策，朕亲征噶尔丹时，亦着胤礽代理朝政。[10]

然战事方歇、班师回京时，朕闻悉膳房人花喇、额楚，与名叫德住之孩童，及茶房人雅头，私在皇太子处行走，甚属悖乱。朕着将花喇、德住、雅头处死，将额楚交与伊父圈禁家中。其余诸皇子亦为朕惹事生非。敏妃丧未满百日，诚郡王胤祉未请旨即行剃头，殊属无礼，朕着将革去郡王爵。康熙二十九年出兵征讨噶尔丹时，大阿哥胤禔听信谗言，与朕之皇兄抚远大将军、和硕裕亲王福全不相和协，须下令着撤回京。四阿哥胤禛幼年时喜怒不定，朕躬亦亲抚育，[11]但彼等行止，皆不若胤礽那般恣行乖戾，无所不至，令朕赧于启齿。胤礽遣人邀截外藩入贡之人，将进贡之马匹，任意攘取，以致蒙古俱不心服；其人赋性奢侈，着伊乳母之夫凌普为内务府总管，俾伊便于取用；朕及诸阿哥生病时，伊毫无忧虑友爱之意；更可议者，伊每夜逼近御帐，割缝窥视。[12]

康熙四十一年，胤礽患病，驻跸德州行宫，朕召其叔外公索额图前去奉侍。然索额图不但狂妄拔扈，乘马至皇太子行宫中门方下，众人无不耸惧；朕还耳闻索额图高谈杀人等暴戾之事。故朕于康熙四十二年，据索额图家仆之告发，将索额图锁挐圈禁，并告领侍卫内大臣等："果至可杀之时，索额图能杀人，或被杀，俱未可料。虽口称杀人，被杀者谁乎？"朕忖思，朕若不先发制人，索额图必先下手。故朕差人至索额图宅抄搜，查得书函甚多，嗣后将索额图处死。[13]

朕始疑虑胤礽密谋为索额图之死复仇。朕难测今日被鸩，明日遇害，昼夜戒慎不宁。似此之人，岂可付以祖宗弘业？且胤礽生而克母，诸事豪奢，难以餍足，且迭干预政事。[14]

康熙四十四年，朕听闻苏州有不肖之徒鬻卖孩童。朕先打探宫内可否如此行者，并谕王鸿绪细细打听是否有这等事，并密奏朕知悉。王鸿绪密查后奏报，江南确有多起鬻卖孩童之事。有人鬻卖于当地官员、商贾，或商贾亲友；有人则船运京城，由各处中人贩卖。朕之侍卫五哥，以七十两至四百五十两不等之价，向范姓之人买三名女子。另，侍卫迈子、广善库郎中德成格亦买女子数名。

此等买卖或系合法，然范溥一案则另当别论。范溥身负公务，持有御箭，遂假以御箭，带领娼妓于京城行走，攀交侍卫、王公。范溥甚至滥权徇私，胁迫地方官员，坐视其强买良家之子。范溥以白银五百两，强买赵朗玉家人之子。其子并非戏子，然范溥经苏州督粮同知姜弘绪出票，遂强要去。其母向知县伸冤，知县反判其母诬告，将之下狱治罪。其诉状石沉大海。范溥强买平人子女，皆托御前人员之名，其子女下落总不可问。姜弘绪所出之票上，女称"玉蛹"、男称"小手"。

王鸿绪还奏报康熙四十六年朝廷官员抵虎丘之时，范溥向伊程姓亲戚云："有汉大臣说我不好，我不去送驾罢。"此程姓亲戚云："是太监与你的信吗？"范溥云："不是太监，是御前第一等人与我的信。"朕问王鸿绪："此第一等人是谁？"于是王鸿绪又问此程姓亲戚，其所言"第一等人"为亲近侍卫，还是更上一层之人。此程姓亲戚畏惧异常，不敢说出其人名。朕虽不知此第一等人是谁，但可确定绝非侍卫马武。[15]

朕尝降旨训诫，断案之时，纵臣仆有获罪者，绝不宽贷，但亦毋轻听人言，横加僇辱。[16]朕耳闻诸阿哥恣意妄行，苦毒挞辱诸大臣侍卫，作威作福，朕后于康熙四十七年辛未，命侍卫吴什、畅寿，太监存柱，传谕随从、诸大臣曰："尔等有所闻见，亦应据实上陈。若一切隐讳，后来渐至杀人，亦将隐而不奏乎？尔等隐而不奏，即尔等之罪矣。若吴什、畅寿、存柱三人，将朕斯旨或隐一言，不宣谕明白，使众咸知，即将伊等正法。"[17]

六日后，朕召诸王、大臣、侍卫、文武官员，齐集行宫前，命皇二子、太子胤礽跪，听宣朕谕：

"朕承太祖、太宗、世祖弘业，四十八年于兹，兢兢业业，轸恤臣工，惠养百姓，惟以治安天下为务。

"今观胤礽，不法祖德，不遵朕训。惟肆恶虐众，暴戾淫乱，

第六章

谕

Valedictory

康熙五十六年，丁酉，十一月，辛亥朔，朕御乾清宫东暖阁，即召诸皇子、满汉大学士、学士、九卿、詹事、科道等入内，昭示如下谕旨：[1]

难出诸口。朕包容二十年矣。乃其恶愈张，僇辱在廷诸王、贝勒、大臣、官员，专擅威权，鸠聚党羽。窥伺朕躬，起居动作，无不探听。朕思国惟一主，胤礽何得将诸王、贝勒、大臣、官员任意凌虐，恣行捶挞耶？如平郡王纳尔素、贝勒海善、公普奇，俱被伊殴打。大臣官员，以至兵丁，鲜不遭其荼毒。朕深悉此情。因诸臣有言及伊之行事者，伊即雠视其人，横加鞭笞，故朕未将伊之行事，一询及于诸臣。"

朕痛下决定，废黜太子胤礽，俱将索额图六子立行正法。[18]朕传谕满洲大臣，解释朕心痛愤之由："朕历览书史，时深警戒，从不令外间妇女出入宫掖，亦不令姣好少年随侍左右。守身至洁，毫无瑕玷。见今关保、吴什俱在此，伊等自幼随侍朕躬，悉知朕之行事。今皇太子所行若此，朕实不胜愤懑。"[19]

然朕命侍卫吴什等传谕诸臣、侍卫及官兵，此事皆清结，余众毋须危惧；嗣后虽有人举发，朕亦不再追究，辗转搜求，旁及众人。然朕惘怅不宁，心中烦闷，故于众人危惧不安之处，未暇宣明谕旨。[20]朕不免忖思，胤礽通达义理，备受悉心呵护，竟有如此悖理妄行之举？朕观胤礽行止，与常人大有不同：昼多沉睡，夜半方食。饮酒数十巨觥不醉，米食数盂不饱。见鬼物，心神难定，居所更迭。遇阴雨雷电，则畏惧不知所措。每对越神明，则惊惧不能成礼。言语颠倒，似有鬼物凭之者。朕犹记，胤礽宫人所居撷芳殿，阴黯不洁，居者辄多病亡。胤礽往来其间，致中邪魅而不自觉。以此观之，种种骇异举动，皆有鬼物使然，致使胤礽竟不能得恩遇近侍之人心。[21]

    及至康熙四十七年十月，朕才从皇三子胤祉得悉，胤礽的确中邪矣。胤祉牧马场有蒙古喇嘛巴汉格隆，自幼习医，能为巫蛊之术。大阿哥胤禔得知，便传巴汉格隆同另外两位喇嘛，魇魅胤礽。朕听闻服侍胤礽之人奏称，十月十七日，进胤禔寝宫，搜出魇魅胤礽之物时，胤礽忽似疯癫，备作异状，几至自尽。诸宦侍趋前抱持环守，过此片刻，遂复明白。朕梦见太皇太后，脸色殊不乐，但隔远默坐，与平时不同。[22]

    朕初谓魇魅之事，虽见之于书，亦未可全信。今始知其竟可惑人心志。胤礽从前诸端恶行，朕皆信以为真。今观之，实启人疑窦。[23]

    其他阿哥亦胡作非为。皇长子胤禔魇魅胤礽，朕谕令锁拏。胤禔与胤礽一般，秉性躁急，凶顽愚昧。胤禔尝苦刑胤礽处所有工匠，致匠人逃遁，且有自缢者。胤禔为人虽知君臣大义，护卫朕，然如此行事，岂可立为皇太子。胤禔甚至直言无讳，奏云：胤礽所行卑污，大失人心。欲诛胤礽，不必出自皇父之手，后可册立皇八子胤禩为皇太子。胤禔此言，或据相面人张明德之说：胤禩"后必大贵"。[24]

    朕据此说，遣官鞫讯相面人张明德；官员奏报，张明德乃顺承郡王（布穆巴）管家阿禄引荐，转介赖士公、普奇公，后由顺承郡王荐于直郡王（胤禔）。鞫讯时，张明德供称："我信口妄言，皇太子暴戾，若遇我，当刺杀之。"张明德又捏造大言云："我有异能者十六人，让两人见王。耸动王听，希图多得银两。又由普奇公，荐于八贝勒。看相时，我曾言：'丰神清逸，仁谊敦厚，福寿绵长，诚贵相也。'"鞫讯官员奏议，应将张明德斩立决；但朕以为："张明德情罪极为可恶，着凌迟处死。行刑之时，可令事内牵连诸人往视之。"[25]

朕着锁拏胤禩；皇九子胤礼忏禊、皇十四子胤禵却为胤禩恳求说情，朕怒而出佩刀欲诛之，嗣后朕亦宽宥了胤禊、胤禵。[26]牵连此案者甚广：胤禩乳母之夫雅齐布之叔吴达理，邀结苏努为党羽；而苏努其祖曾罹大罪，太祖皇帝置之于法，苏努欲为其祖复仇。胤禩之妻系安郡王岳乐孙女，而安郡王岳乐妃子乃索额图之妹，其子乃胤禩妻之母舅，不服于胤禩之妻。于是朕惟能温言相劝诸阿哥顺服："众阿哥当思朕为君父，朕如何降旨，尔等即如何遵行，始为臣子之正理。尔等若不如此存心，日后朕躬考终，必将朕躬置于干清宫内，尔等束甲相争耳。"[27]

及至十一月中旬，群臣纷条陈保奏废皇太子胤礽，然朕警示群臣，朕虽时加询问胤礽前事，非朕已宽宥胤礽，症结犹悬而未决："其附废皇太子之人，不必喜；其不附废皇太子之人，亦不必忧。"丙戌之日，朕召满汉文武诸臣，齐集畅春园，命蒙古科尔沁达尔汉亲王额驸班第，会同满汉大臣详议立嗣之事。朕谕言，除大阿哥胤褆所行甚谬，虐戾不堪外，"于诸阿哥之中，众议谁属，朕即从之"。商议镇日，群臣大抵莫不敢言；惟明珠之子揆叙、遏必隆之子阿灵阿、佟国纲之子鄂伦岱，以及王鸿绪荐举八阿哥胤禩。朕否决此议，谕云："立皇太子之事，关系甚大，尔等宜尽心详议。

八阿哥未尝更事，近又罹罪，其母家亦甚微贱，尔等宜三思。"

商讨议论羁延，太监李九功、李玉往返于朕之寝宫与商议厅堂，居间传递议决之事。朕对二内侍虽信任有加，然朕以为诸臣犹心存疑惧，且立嗣关系甚大，非二内侍口传能定。于是朕以为，召诸臣觐见面谈，各出所见、各书一纸，奏呈朕览。但暮日黄昏，朕令诸臣退，可再熟思之，明日拂晓再来。

翌日，朕谕知诸臣夜中胤礽之梦，且朕始信魔魅之事。"群臣皆合一否？""臣等无不同心。""尔等既同一心，可将此御笔朱书，对众宣读，咸使闻知。"谕曰："前执胤礽时，朕初未尝谋之于人，因理所应行，遂执而拘系之，举国皆以为朕所行为是。今每念前事，不释于心，一一细加体察，有相符合者，有全无风影者。况胤礽所感心疾，已有渐愈之象。不但诸臣惜之，朕亦惜之。今得渐愈，朕之福也，亦诸臣之福也。朕尝令人护视，仍时加训诲，俾不离朕躬。今朕且不遽立胤礽为皇太子，但令尔诸大臣知之而已。胤礽断不报复雠怨，朕可以力保之也。"[28]

乙丑之日，科尔沁达尔汉亲王额驸班第等请复立皇太子事，具疏上奏，然朕予以留中。庚子日，朕复封胤禩为多罗贝勒。[29] 翌年，即康熙四十八年，正月，癸巳，朕召领侍卫内大臣、满汉大学士及各部尚书，查明胤禩党羽之幕后主事者。议论延宕镇日，甚或迄于晚朝，然朕以为务必究其根源。张玉书始开口奏曰："马齐云：'众意欲举胤禩。'"马齐愤而驳斥张玉书之说，伊说伊答张玉书之确切讲法系："尚未定，闻众人之中有欲举八阿哥者。"马齐说罢，拂袖而去。故朕着和硕康亲王椿泰审鞠马齐等，椿泰覆奏，马齐及其兄弟俱应立斩，族人有职者革职，其妻子发配黑龙江。但朕赦免马齐死罪，着胤禩严行拘禁。科尔沁达尔汉亲王额驸班第，及满汉文武官员奏请复立皇太子，朕准奏。朕近来剧疾少愈，胤礽在朕前守视汤药，其被镇魇诅咒，以致迷惑之处，已然痊愈。此皆仰赖天地祖宗，眷顾朕历年勤瘁。正月中旬，朕或循河道，或走陆路，偕皇太子胤礽，同皇四子胤禛、皇七子胤祐、皇八子胤禩、皇十三子胤祥、皇十四子胤禵、皇十五子胤禑、皇十六子胤禄，巡幸畿甸。时值上天降雪，透地四五寸不等，于田禾大有裨益。三月，在大学士温达、李光地主持下，复立胤礽为皇太子。[30]

康熙五十年十月冬，曩昔争端又于畅春园复燃。朕云："今国家大臣，有为皇太子而援结朋党者。诸大臣皆朕擢用之人，受恩五十年矣。其附皇太子者，意将何为也？此事惟鄂缮知之。"

都统鄂缮奏曰："臣蒙皇上豢养擢用厚恩，若果如此，岂敢隐讳。"

兵部尚书耿额奏曰："臣实不知。知之敢不陈奏？"

刑部尚书齐世武奏曰："臣于各处并不行走，此事诚不知也。"

朕云："朕闻之久矣。因访询未得其实，故遣人追问都统都图云：'今有人首告，供出尔党，尔据实奏闻，不然将尔族诛。'所以都图俱开写陈奏矣。"于是朕遂出示都图之奏折。

朕又命将包衣张伯良缚出，令张伯良在副都统间认看，供出副都统悟礼。朕问张伯良曰:"实有此人乎？"张伯良奏曰:"是实。"朕又问曰:"苏满已启程,杨岱为何不来？"某臣奏曰:"因病未来。"朕问张伯良曰:"有杨岱乎？"

朕转问都统迓图曰:"尔知鄂缮行事否？"迓图奏曰:"鄂缮在众前,常言感激皇恩,欲行效力。其暧昧事,臣不得知。""有汝否,迓图？""无。"

朕语鄂缮等曰:"朕不得实据,岂肯屈无辜之人。尔等谓朕年高,于是邀结党羽,肆行无忌。今在朕前,尔等能行何事？且有何颜面,仰视天日？诸臣不入尔党者甚多,尔等视之,宁不愧乎？"

悟礼奏曰:"臣蒙皇恩,授为副都统,又身系宗室,岂肯行此等事。臣居宅与鄂缮宅近,鄂缮曾具酒食延臣是实,并无与伊结党之处。"

齐世武奏曰:"臣性不能取悦于人,素无朋友,久在皇上洞鉴之中。不知都图为何仇恨微臣。此等之事,臣并不知。惟有鄂缮延臣用饭一次,臣亦回请一次,若果结朋党,自当族诛。"

朕曰:"尔云各处俱不行走,为何又供出彼此延请之事？"

齐世武奏曰:"鄂缮之母系佟氏,以舅呼臣,故有彼此延请之事。"

对此,朕曰:"齐世武乃最无用之人,犬豕不如。伊等将如此龌龊之人,援入党内,有何益处？耿额乃索额图家奴,在乌喇时,诣媚索额图,馈送礼物。于索额图案内,即应诛戮。朕特宽宥之。今乃负恩,造谋结党。伊等所行,皆由耿额。"

耿额叩首，辩道："臣蒙皇上隆恩，苟有此事，即当凌迟。"

朕曰："索额图之党，竟不断绝，俱欲为索额图报复。岂伊等祖父，皆索额图之奴仆乎？此事正黄旗大臣无不知之。曩者，鄂缮自谓为郭尔罗氏，欲入朕之旗下。朕不俞允。隐之至今，未一明言。伊并不思朕之恩德，反结党妄行，洵不肖之人也。"朕谕令锁拏鄂缮、耿额、齐世武、悟礼。质审确凿，齐世武、鄂缮株连京城步军统领托合齐；伊等包揽情弊，贪污纳贿，人尽皆知。如证据所示，前自谓"不与人往来"之齐世武，行事悖乱，不时请人会饮。伊等索贿巨额银两，罪证确凿，朕降旨着伊等监候，秋后处决。[31]

所有鞫讯，无不牵连胤礽。朕旨谕宗人府衙门："此等事俱因胤礽所致。胤礽行事，天下之人，无分贵贱，莫不尽知。若果以孝为本，以仁为行，天下人皆知其系朕之子，必无异心。"不思如此，胤礽反倒令浮云蔽日，小人当道。康熙五十一年冬，胤礽狂疾又发，朕难以见容；胤礽不时差人伺察、殴打、唾辱妻仆，毫无怜恤之心。朕再次罢黜胤礽皇太子衔，将胤礽拘执看守。[32]

凡人有所甚爱之子，亦有所不甚爱之子。[33]自释放皇太子以来，数年之间，隐忍实难，惟朕乃能之。今皇太子饮食服御陈设等物，较之于朕，殆有倍之。伊所奏欲责之人，朕无不责。欲处之人，朕无不处。欲逐之人，朕无不逐。惟所奏欲诛之人，朕不曾诛。朕如此俯从，而伊仍怙恶不悛，朕是以灰心，毫无可望。朕知诸臣有不安之语："今众人有两处，总是一死。"盖或有身受朕恩，倾心向主，不肯从伊，宁甘心日后受诛戮者；亦有微贱小人，但以目前为计，逢迎结党，被朕知觉，朕即诛之者。横竖两处俱死。今即使胤礽妻孥，亦皆寒心，俱以为当废，无一堕泪者。胤礽之黄褂侍卫，手足胼胝，哭泣怨望。朕虽日遣侍卫十员看守，胤礽俱似无目然，仍令奸佞盈庭。朕容颜清减，然众皆缄默，无一人劝解。朕曰："今处置已毕，奏此劝解之言何用。前次废置，朕实愤懑。此次毫不介意，谈笑处之而已。"朕谕之诸臣，前废皇太子之时，朕所诛不过数人。今锁挐之人虽多，朕惟将一二怂恿皇太子为恶者诛之。嗣后众等自当绝念，倾心向朕，共享太平。后若有奏皇太子已改过从善、应当释放者，朕即诛之。皇长子胤禔仍受圈禁。[34]至于八阿哥胤禩，朕于康熙五十三年将其圈禁；伊为人心高阴险，妄言朕年已老迈，岁月无多，不讳言伊为诸臣保举，谁敢争锋；甚差人送毙鹰二架，来请朕安。[35]

朕常对众阿哥云，凡人处世，惟当常寻欢喜，欢喜处自有一番吉祥景象。用膳后必谈好事，或寓目于所作珍玩器皿，如是则饮食易消，于身大有益也。

朕亦常语众阿哥，存乎人者莫良于眸子，人之善恶系于目者甚显。胸中正，则眸子瞭焉、明焉；胸中不正，则眸子眊焉、彷徨不定。凡人行住坐卧，不可回顾斜视。我朝满洲耆旧，时常以为忌讳也。

朕常语众阿哥，穷理非惟一端一处。或在读书上得之，或在讲论上得之，或在思虑上得之，或在行事上得之。朕常曰，凡天下事不可轻忽，虽至微至易者，皆当以慎重处之。慎重者，敬也。当无事时，敬以自持；而有事时，即敬以应事。务必谨终如始，慎修思永，习而安焉，自无废事。盖敬以存心，则心体湛然居中，即如主人在家，自能整饬家务。[36]

朕训示众阿哥，为人上者用人不可遽信。在下者常视上意所向，而巧以投其所好以诱之，以图私利。为人上者使令小人，固不可过于严厉，亦不可过于宽纵。如小过误，可以宽者，即宽宥之。罪之不可宽者，即惩责训导之，不可记恨，时常琐碎蹂践，则小人恐惧，无益事也。此使人之要，汝等留心记之。[37]

朕虽多方训诫，诸臣仍不断陈奏立嗣之事。康熙五十二年，赵申乔上奏，应行册立皇太子，朕发还赵申乔奏折。康熙五十六年，王掞及一干御史旧事重提，上疏请立皇太子事，朕谕责伊等举措失当。后翰林院学士朱天保，奏请复立胤礽为皇太子，谓二阿哥仁孝，圣而益圣，贤而益贤；妄行陈奏朕拒与胤礽觌面，援汉武帝戾太子自杀一事，比附于胤礽之乖舛；诬称费扬古将军意图陷害二阿哥。[38] 朕察明朱天保之悖逆妄言，系受其父朱都纳蛊惑，而其父子又皆阴与朋党勾结。[39] 为让朱天保父子心服口服，朕再次枚举胤礽过错，并增列新发现之弊端——胤礽以矾水写字，密通正红旗满洲都统公普奇，保举他为大将军；又妄称朕褒奖他；利用其福晋之医，密送书信；辱骂其侍读师傅徐元梦；即使伊伯父及伯叔之子，往往遭伊肆骂；举动乖张，背立朕前。故毋庸置疑，胤礽犹须圈禁。[40] 至于朱氏父子，罪无可赦。起初，朕令朱都纳看杀朱天保后，始将朱都纳凌迟。后朕心生怜悯，惟着将朱天保立即正法，令伊父朱都纳视之。[41]

朕常语众阿哥："春至时和，百花尚铺，一段锦绣，好鸟且啭，无数佳音。何况为人在世，幸遇升平，安居乐业。自当立一番好言，行一番好事业，使无愧于今生。"[42]

朕亦常语众阿哥："春夏之时，孩童戏耍在院中无妨，毋使坐在廊下。[43]

注释

1 **诗** 《康熙帝御制文集》，页五四六至五四七。皇太子胤礽时时年十岁。

2 **宗谱** 所有出生年月日、年岁、头衔均援引自全面性之皇室宗谱之作《清皇室四谱》，该书由唐邦治所编。嫔妃的家族背景资料，见《清列朝后妃传稿》。荣妃活到雍正五年。皇四子胤禛践阼，成为雍正皇帝后，他的母亲被册封为仁寿皇太后。贵妃佟佳氏直到康熙二十八年身染重症，生命垂危之际才被册封为皇后；亦可参见《大清圣祖仁皇帝实录》，卷一四一，页十六b。前揭书，卷二七七，页十七b，记载康熙得一么儿，但未提及生母是谁。

3 **康熙之语** 孩童戏耍，见《庭训格言》，页五十九；恶言，前揭书，页二十九；怒气，前揭书，页二十九b；欲望，前揭书，页二十二；前揭书，页九十六，引孔子之言论戒色、戒斗；宫女，前揭书，页八十九b；毡毯，前揭书，页六十五；衣裳，前揭书，页十四b；康熙的外衣，前揭书，页四十八；生日，前揭书，页一。

4 **耆旧教射者** 前揭书，页九b，此处康熙或许是指侍卫阿舒默尔根（见第一章"游"）。这段文字亦呼应了《中庸》（*Doctrine of the Mean*），右第十四章第五节。见 Legge, *Chinese Classics*, pp.396。

5 **我朝旧典断不可失** 《庭训格言》，页一○四至一○五，尽管康熙在康熙二十二年说："元旦赐宴，应改满席为汉席。"（见《大清圣祖仁皇帝实录》，卷一一三，页二十一-b）。无垠天地，见《庭训格言》，页五十七。

6 **为学** 参见前揭书，页一一四、一○b，引述《中庸》之说。

7 **学习** 前揭书，页一○九b、一一三。这段话呼应了《中庸》（*Doctrine of the Mean*），右第二十章第九节。见Legge, *Chinese Classics*, p.407。

8 **溺恤** 《庭训格言》，页二十三、七十一。

9 **令人视养** 《大清圣祖仁皇帝实录》，卷二三五，页二十四b至二十五，以及卷二五

○，页二十六b。

10　**扶养胤礽**　康熙亲养，前揭书，卷五十八，页十九b；天花，见《康熙帝御制文集》，页一五○；煦妪爱惜胤礽，见《大清圣祖仁皇帝实录》，卷二三四，页十三；侍讲翰林，见前揭书，卷二三四，页十一；*Eminent Chinese of the Ch'ing Period*, pp.710，亦提及胤礽的师傅汤斌；《翁铁庵（翁叔元）自订年谱》，页三十三b至三十四；韩菼，《有怀堂文稿》，卷二十二，页二十三，记观画；调教治国方略，见《大清圣祖仁皇帝实录》，卷二三四，页八b；代理亲政，见*Eminent Chinese of the Ch'ing Period*, pp.924。

11　**乖僻行为**　胤礽的膳房，《大清圣祖仁皇帝实录》，卷一八五，页九；三阿哥胤祉，前揭书，卷一九五，页二b；大阿哥胤褆，前揭书，卷一四八，页六b至七；四阿哥胤禛，前揭书，卷二三五，页二十四b至二十五。

12　**恣行乖戾**　前揭书，卷二三四，页三。皇太子的抗争，见Wu, *Communication and Imperial Control* 全书，特别是pp.52-65。吴秀良教授目前已完成了皇位继承的长篇研究。

13　**索额图**　《大清圣祖仁皇帝实录》，卷二一○，页三；卷二一二，页十三b至十四；卷二一二，页十六至十七。处决索额图的确切日期不可考，但在前揭书，卷二三四，页十九b，康熙云：他"置索额图于死"。

14　**疑虑**　前揭书，卷二三四，页二至四；康熙指出胤礽生而克母的事实。

15　**王鸿绪的密查**　康熙的谕旨，《故宫文献》第一卷，第一期，页七十八；王鸿绪的禀奏，前揭书，第一卷，第一期，页九十六至一○○。康熙四十六年的随侍，前揭书，第一卷，第一期，页九十九，以及《大清圣祖仁皇帝实录》，卷二二九，页十二。随行巡游的皇子有胤礽、皇长子、皇十三子、皇十五子、皇十六子（前揭书，卷二二八，页四b）。

16　**查案**　前揭书，卷二三三，页二十六b。

17　**康熙四十七年谕旨**　前揭书，卷二三三，页二十七。清代侍卫的角色常被忽略，而佐伯富的近作《清代の侍卫について：君主独裁权研究の一出》是其中凤毛麟角之作。

18　**废黜太子的谕旨**　《大清圣祖仁皇帝实录》，卷二三四，页二至三。索额图的六个儿子，前揭书，卷二三四，页五；翌日被处死，前揭书，卷二三四，页六。

19　**守身至洁**　前揭书，卷二三四，页七。

20　**赦免**　前揭书，卷二三四，页六b。

21 **着魔** 康熙在前揭书，卷二三四，页九b至十，以及卷二三四，页十一—b的两则谕旨提到"鬼物"、"邪魅"、"狂疾"等征兆。

22 **证据** 镇魇物，前揭书，卷二三五，页十二；魔魅，前揭书，卷二三五，页十七；梦见太皇太后，前揭书，卷二三五，页二十一—b。

23 **启人疑窦** 前揭书，卷二三五，页十七，以及卷二三五，页二十二。

24 **胤禔** 前揭书，卷二三四，页四b至五，卷二三四，页二十b，以及卷二三四，页二十二b。

25 **相面人** 前揭书，卷二三四，页二十四b，以及卷二三五，页五b。

26 **欲杀** 前揭书，卷二三四，页二十四。此处生动记载康熙拔配刀欲诛皇九子、皇十四子，但皇五子胤祺跪抱劝止的插曲。

27 **其余牵连者** 前揭书，卷二三五，页八b，以及卷二三五，页九。康熙在康熙五十三年几乎用类似的措辞斥责胤禔，前揭书，卷二六一，页九b。

28 **复立废太子之议** 前揭书，卷二三五，页十七至二十三。胤禩之母出身"包衣"。康熙信任太监梁九功的证据，见《清圣祖谕旨》，页二十一；有关太监李玉，见《故宫文献》，第一卷，第一期，页九十六，及Rosso *Apostolic Legations*，p.235。

29 **班第与胤禩** 《大清圣祖仁皇帝实录》，卷二三五，页二十七至二十八b。

30 **康熙四十八年正月之议** 延宕镇日的论辩，前揭书，卷二三六，页四b至七；马齐之怒，前揭书，卷二三六，页九b；椿泰的调查，前揭书，卷二三六，页十b；马齐的辩词，前揭书，卷二三六，页十一；胤礽复立，前揭书，卷二三六，页十三；欢愉之旅，前揭书，卷二三六，页十九b、二十b；正式复立，前揭书，卷二三七，页四。

31 **康熙五十年十月之议** 这段对话皆援引自前揭书，卷二四八，页十五至十八b。锁拏、惩处朋党，前揭书，卷二四八，页十八b，卷二四九，页五b，卷二五〇，页五b，以及卷二五〇，页十b。

32 **罢黜胤礽** 前揭书，卷二五〇，页六b，及卷二五一，页七b、九b。亦可见《清圣祖谕旨》，页十，康熙四论胤礽的行为。

33 **爱子** 《大清圣祖仁皇帝实录》，卷二四八，页十八。

34 **解释罢黜之因** 前揭书，卷二五一，页十b至十二；颁行全国的正式谕旨，解释罢黜胤礽的原委，前揭书，卷二五二，页十四。

35 **胤禩** 前揭书，卷二六一，页八b至九b。另外，前揭书，卷二六九，页二十至二十一，记载了一段诡谲的插曲：胤禩卧病在畅春园路旁园内，恐有不测。康熙着诸皇子奏议，是否应移胤禩回家，以避康熙经过之御路。诸皇子奏云（其中惟皇九子胤禟愤而反对），胤禩见驻之处，乃康熙必经之御路，理应移回家。康熙之议论胤禩，亦可参见前揭书，卷二六九，页二十；卷二七〇，页三；卷二七一，页八b。

36 **康熙之语** 寻欢喜，《庭训格言》，页二十一b至二十二；用膳之后，前揭书，页七十五b；前揭书，页四十b至四十一，引孟子之语，论观眸子；不可回顾斜视，前揭书，页四十一；穷理，前揭书，页一一五；论"敬"，前揭书，页二。

37 **下人** 前揭书，页二b、二十三b至二十四、三十二b。

38 **复立太子的奏议** 赵申乔的奏议，见《大清圣祖仁皇帝实录》，卷二五三，页八；王掞，见《文献丛编》，页一〇六至一〇七，及《大清圣祖仁皇帝实录》，卷二七五，页二十，以及*Eminent Chinese of the Ch'ing Period*, p.830；翰林院学士朱天保的奏折，可以从康熙在《大清圣祖仁皇帝实录》，卷二七七，页六、六b、十、十b的引述，拼凑出梗概。

39 **指控朋党** 前揭书，卷二六六，页五。

40 **新错** 前揭书，卷二七七，页六b、十。

41 **惩处朱氏父子** 前揭书，卷二七七，页十一、三十b。余党的议处，见卷二七七，页八至三十一。

42 **春至** 《庭训格言》，页一一五b。

43 **孩童戏耍** 前揭书，页五十九。

朕少时，天禀甚壮，从未知有疾病。今春始患头晕，渐觉消瘦。至秋月塞外行围，蒙古地方，水土甚佳，精神日健，颜貌加丰。每日骑射，亦不觉疲倦。回京之后，因皇太后违和，心神忧瘁，头晕频发。有朕平日所欲言者，今特召尔等面谕。

从来帝王之治天下者，未尝不以敬天法祖为首务。敬天法祖之实，在柔远能迩，休养苍生，公四海之利为利，一天下之心为心，体群臣，子庶民，保邦于未危，致治于未乱，夙夜孜孜，宵旰不遑，宽严相济，经权互用，以图国家久远之计而已。

自古得天下之正者，莫如我朝。太祖、太宗[2]初无取天下之心。尝兵及京城，诸大臣咸奏云："当取。"太宗皇帝曰："明与我国，素非和好，今取之甚易。但念中国之主，不忍取也。"后流贼李自成，攻破京城，崇祯自缢。臣民相率来迎，乃翦灭闯寇，入承大统。昔项羽起兵攻秦，后天下卒归于汉。其初汉高祖，一泗上亭长耳。元末陈友谅等并起，后天下卒归于明。其初明太祖，一皇觉寺僧耳。我朝承袭先烈，应天顺人，抚有区宇。以此见乱臣贼子，无非为真主驱除耳。

今朕年将七旬，在位五十余年者，实赖天地宗社之默佑，非予凉德之所致也。朕自幼读书，于古今道理，粗能通晓。凡帝王自有天命，应享寿考者，不能使之不享寿考。应享太平者，不能使之不享太平。

自黄帝甲子至今，四千三百五十余年，称帝者三百有余。但秦火以前，三代之事，不可全信。始皇元年至今，一千九百六十余年，称帝而有年号者，二百一十有一。朕何人斯，自秦汉以下，在位久者，朕为之首。

古人以不矜不伐，知足知止者，为能保始终。览三代而后，帝王践祚久者，不能遗令闻于后世。寿命不长者，罔知四海之疾苦。朕已老矣，在位久矣。未卜后人之议论如何。而且以目前之事，不得不痛哭流涕，预先随笔自记，而犹恐天下不知吾之苦衷也。

自昔帝王，多以死为忌讳。每观其遗诏，殊非帝王语气，并非中心之所欲言。此皆昏瞀之际，觅文臣任意撰拟者。

朕则不然。今豫使尔等知朕之血诚耳。

当日临御至二十年，不敢逆料至三十年。三十年，不敢逆料至四十年。今已五十七年矣。《尚书·洪范》所载："一曰寿，二曰富，三曰康宁，四曰攸好德，五曰考终命。"[3]五福以考终命列于第五者，诚以其难得故也。今朕年将七十，子、孙、曾孙，百五十余人。天下粗安，四海承平。虽不能移风易俗，家给人足，但孜孜汲汲，小心敬慎，夙夜不遑，未尝少懈。数十年来，殚心竭力，有如一日。此岂仅劳苦二字所能概括耶。

前代帝王，或享年不永，史论概以为侈然自放，耽于酒色所致。此皆书生好为讥评。虽纯全尽美之君，亦必抉摘瑕疵。朕为前代帝王剖白，盖由天下事繁，不胜劳惫之所致也。诸葛亮云："鞠躬尽瘁，死而后已。"为人臣者，惟诸葛亮一人耳。若帝王仔肩甚重，无可旁诿，岂臣下所可比拟。臣下可仕则仕，可止则止。年老致政而归，抱子弄孙，犹得优游自适。为君者，勤劬一生，了无休息。如舜虽称无为而治，然身殁于苍梧。禹乘四载，胼手胝足，终于会稽。似此皆勤劳政事，巡行周历，不遑宁处。岂可谓之崇尚无为，清静自持乎。《易》遯卦[4]六爻未尝言及人主之事。可见人主原无宴息之地，可以退藏。鞠躬尽瘁，诚谓此也。

昔人每云，帝王当举大纲，不必兼总细务。朕心窃不谓然也。一事不谨，即贻四海之忧，一时不谨，即贻千百世之患。不矜细行，终累大德。故朕每事必加详慎。即如今日留一二事未理，明日即多一二事矣。若明日再务安闲，则后日愈多壅积，万几至重，诚难稽延。故朕莅政，无论巨细，即奏章内有一字之讹，必为改定发出。盖事不敢忽，天性然也。五十余年，每多先事绸缪。四海兆人，亦皆载朕德意。岂可执"不必兼总细务"之言乎？

朕自幼强健，筋力颇佳。能挽十五力弓。发十三握箭，用兵临戎之事，皆所优为，然平生未尝妄杀一人。平定三藩，扫清漠北，皆出一心运筹。户部帑金，非用师赈饥，未敢妄费，谓此皆小民脂膏故也。所有巡狩行宫，不施采缋，每处所费，不过一二万金。较之河工岁费三百余万，尚不及百分之一。

幼龄读书，即知酒色之可戒，小人之宜防。所以至老无恙。自康熙四十七年大病之后，过伤心神，渐不及往时。况日有万机，皆由裁夺。每觉精神日逐于外，心血时耗于内。恐前途倘有一时不讳，不能一言，则吾之衷曲未吐，岂不可惜。故于明爽之际，一一言之，可以尽一生之事，岂不快哉。

人之有生必有死。如朱子之言，天地循环之理，如昼如夜。孔子云，居易以俟命，皆圣贤之大道，何足惧乎。近日多病，心神恍惚，身体虚惫。动转非人扶掖，步履难行。当年立心以天下为己任，许死而后已之志。今朕躬抱病，怔忡健忘，故深惧颠倒是非，万机错乱。心为天下尽其血，神为四海散其形。既神不守舍，心失怡养，目不辨远近，耳不分是非，食少事多，岂能久存。况承平日久，人心懈怠。福尽祸至，泰去否来。[5]元首丛脞而股肱惰。至于万事隳坏而后，必然招天灾人害，杂然并至。虽心有余而精神不逮，悔过无及，振作不起。呻吟甿榻，死不瞑目，岂不痛恨于未死。

昔梁武帝亦创业英雄。后至耆年，为侯景所逼，遂有台城之祸。隋文帝亦开创之主。不能预知其子炀帝之恶，卒至不克令终。又如丹毒自杀，服食吞饼，宋祖之遥见烛影之类。种种所载疑案，岂非前辙，皆由辨之不早，而且无益于国计民生。汉高祖传遗命于吕后，唐太宗定储于长孙无忌。[6]朕每览此，深为耻之。或有小人，希图仓卒之际，废立可以自专，推戴一人以期后福。朕一息尚存，岂肯容此辈乎？

朕之生也，并无灵异，及其长也，亦无非常。八龄践祚，迄今五十七年，从不许人言祯符瑞应。如史册所载，景星庆云麟凤芝草之贺，及焚珠玉于殿前，天书降于承天，此皆虚文，朕所不敢。惟日用平常，以实心行实政而已。

今臣邻奏请立储分理，此乃虑朕有猝然之变耳。死生常理，朕所不讳。惟是天下大权，当统于一。十年以来，朕将所行之事，所存之心，俱书写封固，仍未告竣。立储大事，朕岂改忘耶，天下神器至重，倘得释此负荷，优游安适，无一事婴心，便可望加增年岁。诸臣受朕深恩，何道俾朕得此息肩之日也。

朕今气血耗减，勉强支持，脱有误万机，则从前五十七年之忧勤，岂不可惜。朕之苦衷血诚，一至如此。每览老臣奏疏乞休，未尝不为流涕。尔等有退休之时，朕何地可休息耶。但得数旬之怡养，保全考终之死生，朕之欣喜，岂可言罄。从此岁月悠久，或得如宋高宗之年，未可知也。

朕年五十七岁，方有白须数茎。有以乌须药进者。朕笑却之曰："古来白须皇帝有几？朕若须鬓皓然，岂不为万世之美谈乎？"初年同朕共事者，今并无一人。后进新升者，同寅协恭，奉公守法，皓首满朝。可谓久矣，亦知足矣。

朕享天下之尊，四海之富。物无不有，事无不经。至于垂老之际，不能宽怀瞬息，故弃天下犹敝屣，视富贵如泥沙也。倘得终于无事，朕愿已足。愿尔等大小臣邻，念朕五十余年太平天子，倦倦叮咛反复之苦衷，则吾之有生考终之事毕矣。

此谕已备十年，若有遗诏，无非此言。披肝露胆，罄尽五内，朕言不再。

注释

1　**这则谕旨**　见《大清圣祖仁皇帝实录》，卷二七五，页五至十三。

2　**太祖、太宗**　系康熙的先祖努尔哈赤、皇太极。

3　**五福**　以上英译，见Legge, *Chinese Classics*, p.343。

4　**遯卦**　《易经》第三十三卦。

5　**泰卦、否卦**　《易经》第十一、十二卦。

6　**所列举皇帝**　皆死于非命。这些事迹常见诸传统正史。

附录一

康熙三十六年春
寄总管太监顾问行的十七封信

下列十七封信，依序系康熙于康熙三十六年写给他宠信的敬事房总管顾问行。有鉴于这是康熙亲书的口语体信函，具体而微反映出他内心的思绪，本书又是援引零碎史料裁剪而成，具有补充史实的价值，故此处全文附录这些信函。这些信函原密藏于清宫懋勤殿内的一个箱子，1911 年革命之后被学者发现，随后抄录出版。中国历史上，或许尚无其他皇帝有诸如此类的信函传留后世。（注）

第一封信

诒顾太监:初七日过八达岭岔道,驻跸。初八日到怀来县驻跸。看天气与京中大不相同,甚觉寒冷。前者库上做狼皮筒子皮袄一件,未曾有面。尔将此二件,袖用雨缎,身用零宁绸,做完时报上带来。做时不可太紧了,先报上带来的因做得太紧,甚是不堪,须要小心。朕来时,德妃有些恙,如今全好了么?阿哥们出疹的,相比都好了。宫中自然清吉。这一次的驼马甚肥可爱,走路亦好。自出门,即重重喜报来也。朕体大安。特谕。

二月初八日

第二封信

诒顾太监:朕自出门以来,卅日之间,历尽三云。南望则蔚州、应州、雁门、宁武;北望则偏关、杀虎口;驻跸则怀仁、马邑、朔州。观其形势,乃古战场之域,今则太平鼓腹之民也。黄童白叟,携老扶幼,叩首马前,如南巡无异。民情朴实,风俗淳厚。因去岁收成甚好,米草亦裕,朕心畅快,身体安和。天气比大同暖些,河也有开处,也有不开处。随来的人都好,尔等将此传知里边。特谕。

二月二十二日

第三封信

谕顾太监：前者书去之后，又走宁武关北大水口地方，又走岢岚州、河曲，绕到三岔铺。二十六日到李家沟。此处无水，只有一井，地方官伺候三百缸水。朕正走在途间，见李家沟的来民纷纷说话，岢岚州来的乾河，名叫宵尊河，这三日前发大水至李家沟南七里。地方官恐泥泞御道，用堤打住。又有人说，此三岔乾河，今日有了水，竟到韩家楼，地方民又堵着。朕实不信，到了看起来，果然是真。就此开了堤，到申末，河水到李家沟御营，深有二尺处。三百缸水也不曾用。二十七日到碾坞村。五十六里皆高山大岭，连亘不断。朕从来未走这样不好山，若不是地方民一闻朕来，争先收拾，万万走不得。头一日下雪，风刮的在道旁一堆一堆堆起来，推车的，走道的，甚得便易。营前一里之地，又得一小河，水清味佳。此二日，凡随侍官员、军民，无不目睹其事。朕说不过偶尔如此，不足为奇。二十八日，到保德州，黄河边上。朕乘小船打鱼，河内全是石花鱼，其味鲜美，书不能尽。吃食皆有，惟白面最好。此皆细事，外报不曾写得，惟叫里边知道。特谕。

二月二十八日

第四封信

谕顾太监：朕自渡河以来，历府谷县、神木县等处，将近榆林。凡陕西地方，山川形势又是一种别样景致，也有好处，亦有不堪处，所以好处者，风俗淳厚，人心似古，水土好，人无杂病，食物亦多，山上有松树柏树，远看可以看得。若说不堪处，凡城堡都在山顶上，村庄都在破堆旁，做洞居住，岭不成岭，道不成道，可笑之极矣。朕南方走过直隶、山东、江南、浙江以至绍兴，四千里；北至可鲁伦，二千余里；东北关东乌拉，二千余里；西巡今到山西、陕西，二千余里。江湖、山川、沙漠、瀚海、不毛之不水之地，都走过，总不如南方之秀气，人民之丰富也。初四日，驻跸神木县，申时，嘎尔但（噶尔丹）贼子到了大营，满汉文武军民人等，无不踊跃欢喜，可见乱臣贼子，人人得而诛之之语，岂偶然哉？朕在客路，迢递关山，心实除贼，意不虚发。况暮春之初，冰凌未尽；清明在迩，寒风犹存；不知今岁京中亦是如此否？朕体甚安，一路饮食甚裕，白面更好。问宫里都好吗？嘎尔但的事只在早晚间了，但不能略定日期耳。朕在神木，得土物、点心两种，送到延禧宫、翊神宫去，看看笑笑，恭进神木白面一匣。请安。

三月初四日

第五封信

谕顾太监：朕在宁夏等嘎尔丹来人，到时才定用兵。今马驼皆肥，凡有走处即刻行走。宁夏地方好，诸物最贱，但无花草耳。这一次报来时，封也开了，匣也开了，所以外边用封封了，再报来时，照此封样封了来。特谕。

三月初五日

第六封信

哈密回回送嘎尔但贼子所带来的土物，惟晒干甜瓜，其味甚美。今随报带去，又恐不知用法，故特书之于左：先用凉水或用热水洗净，后用热水泡片时，不拘冷热，皆可食得。其味相鲜瓜，水似桃干蜜水。有空处，都用葡萄添了。尔等传知妃们，物虽微而心实远也，不可为笑。

三月初七日

第七封信

谕顾太监：朕走鄂尔多斯地方，蒙古富金们来的甚多。尔将妃嫔们的绵衣，每位一套，绵纱衣，每位一套，报上带来。又，徐常在二位答应，衬衣、夹袄夹、中衣、纺丝、布衫、纺丝中衣、缎靴袜，都不足用。传于延禧宫妃，着量做，完时报上，带来。

三月初七日

第八封信

谕顾太监：前者报去之后，朕领三边绿族兵打围，兔鸡多的非常。二十二日到兴武营，满围都是兔子，朕射三百一十支。二十三日到清水堡，兔子如前，朕不能射了，只射一百有零。二十二日到横城，黄河边上驻跸。二十五日，过河，驻跸河边上。二十六日到宁夏。此处风景虽不如南方，比朕一路走过的地方，有霄壤之分。诸物皆有，吃食亦贱。西近贺兰山，东临黄河，城周都是稻田。自古为九边，朕已到七边。所过之边地，惟此宁夏可以说得。朕今抵宁，所得土物数件，恭进皇太后，又赐妃嫔们数件，尔按字送去，特谕。二十六日抵宁。二十七日即差潘良栋捧上土物恭进去了。凡有字者，照字送去，无字的，潘良栋口传。

三月二十八日

第九封信

谕顾太监：朕在宁夏住了十九天，自闰三月十五日，起身往黄河湾白塔地方去，离宁夏四百里，是鄂尔多斯都棱公哈伦所居之地。朕到白塔，自有相机调度。自此以后，离京渐近了。特谕。

闰三月十五日

第十封信

谕顾太监：朕此一举，虽为残贼嘎尔但，亦欲西边外。厄鲁特种类甚多，必收之后，方为万年之计。出门时，纵未言明，自离京后，即使人各处宣布。朕意先已前后归诚者，报过之外，今西海内外所居厄鲁特全部落归顺，已经起身，往行在来了。朕举手加额，喜之不尽。有德而感动天地默佑，一卒不发，收十万之众，实出望外。满营中闻者，无不相庆，以为无疆之喜。因此发报，所以写去，特谕。

闰三月十八日

第十一封信

　　谕顾太监：朕在宁夏，甚是闷倦，自出口以来，方为清爽。水土好,将山陕二处的秀气、黄沙、怕人高崖别了,深为可喜。近日,顺流而乘舟,而行者亦多。黄河中鱼少,两岸柽柳、席芨草、芦苇中,有野猪、马、鹿等物。特谕。

闰三月二十三日

第十二封信

　　谕顾太监：前者进来的王瓜甚好，以后每报必须带来。萝卜、茄子也带来。朕已到白塔地方，特别刘猴儿请皇太后安去，并无别事。此人怪而胆大，岂可近使？甚是可恶，不必打发他回来,在敬事房锁了等，别叫他家去，特谕。

闰三月二十六日

第十三封信

谕顾太监：四月初一日，朕亲看兵马过去。讫此数日内，理运粮事毕，即日回銮，大略夏至前后到京。此话不必叫多人知道，妃嫔们知道罢了。特谕。

四月初一日

第十四封信

谕顾太监：朕在黄河边上，与蒙古诸部落日日顽笑，心神爽健。朕出外最多，未似这一次心宽意足。尔传与里边，不必挂念。自黄河边上，走张家口至京九百余里，若走沙河口，大通至京，一千二百余里。朕使人到宁夏，寻得食物米面等物，面比上用面还强，葡萄甚好。此处与边墙相近，所以诸物都有，只恨不冷，河不冻，难以行走。尔等在家反为朕怕冷，实为可笑。初二日报，到上流五十里地，名席尔哈，结冰成桥二道，约一里有余，上下全无结冰处等。朕使人去看，果是如此，也是一件奇事。

无年月可考

（史景迁推测可能是四月初三日）

第十五封信

谕顾太监：朕事已毕。分陆路水路回去，大概夏至前后，可以到京。特谕。

四月初七日

第十六封信

谕顾太监：前者朕有言，"心实除贼，意不虚发"之句。今嘎尔但已死，其下等人，俱来归顺。朕之大事毕矣。朕两岁之间，三出沙漠，栉风沐雨，并日而餐。不毛不水之地，黄沙无人之境，可谓苦而不言苦，人皆避而朕不避。千辛万苦之中，立此大功，若非嘎尔但，有一日，朕再不言也。今蒙天地宗庙默佑成功，朕之一生，可谓乐矣，可谓致矣，可谓尽矣。朕不日到宫，另为口传，今笔墨难尽，书其大概而已。特谕。

四月十七日

第十七封信

谕顾太监：朕二十九日过杀虎口，自口外走张家口进京，大约五月十五日前后到。去先，有上谕，夏至前后到京之语，因黄河风浪所误，所以迟了。口外凉爽，不甚热，至今早，间有穿布褂者。一路水草，与西边大不相同。朕体安泰，随侍人等俱好，可谓"心宽体胖"而回家去矣。特谕。

四月二十九日

注：这些信函收录在《清圣祖谕旨》，页三十五至三十九（或依原页码，为页二至九）。《掌故丛编》的编者混淆了两个系列的信函，误以为皆寄自康熙某次北游之时，结果在刊印时排序颠三倒四。若我们依序排列《清圣祖谕旨》中收录的信函，"康熙三十六年春，寄总管太监顾问行的十七封信"正确顺序应是：4，5，6，7，8，9，10，14，15，16，17，18，19，33，20，23，26。其余信函则与康熙三十六年亲征噶尔丹之役有关。

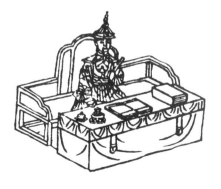

附录二

康熙遗诏

康熙于康熙六十一年十一月十三日，即公元 1722 年 12 月 20 日驾崩。康熙宾天之后，朝廷随即向天下百姓昭告他的遗诏。（这份遗诏，收录在《大清圣祖仁皇帝实录》，卷三〇〇，页七至十一。）

从来帝王之治天下，未尝不以敬天法祖为首务。敬天法祖之实，在柔远能迩，休养苍生，共四海之利为利，一天下之心为心，保邦于未危，致治于未乱，夙夜孜孜，寤寐不遑，为久远之国计，庶乎近之。

今朕年届七旬，在位六十一年，实赖天地宗社之默佑，非朕凉德之所致也。

历观史册，自黄帝甲子，迄今四千三百五十余年，共三百一帝，如朕在位之久者甚少。朕临御至二十年时，不敢逆料至三十年。三十年时，不敢逆料至四十年。今已六十一年矣。《尚书·洪范》所载："一曰寿，二曰富，三曰康宁，四曰攸好德，五曰考终命。"五福以考终命列于第五者，诚以其难得故也。今朕年已登耆，富有四海，子孙百五十余人，天下安乐。朕之福亦云厚矣。即或有不虞，心亦泰然，念自御极以来，虽不敢自谓能移风易俗，家给人足，上拟三代明圣之主，而欲致海宇升平，人民乐业，孜孜汲汲，小心敬慎，夙夜不遑，未尝少懈，数十年来，殚心竭力，有如一日，此岂仅"劳苦"二字所能该括耶？

前代帝王，或享年不永，史论概以为酒色所致。此皆书生好为讥评。虽纯全尽美之君，亦必抉摘瑕疵。朕今为前代帝王剖白言之。盖由天下事繁，不胜劳惫之所致也。诸葛亮云："鞠躬尽瘁，死而后已。"为人臣者，惟诸葛亮能如此耳。若帝王仔肩甚重，无可旁诿，岂臣下所可比拟。臣下可仕则仕，可止则止。年老致政而归，抱子弄孙，犹得优游自适。为君者勤劬一生，了无休息之日。如舜虽称无为而治，然身殁于苍梧；禹乘四载，胼手胝足，终于会稽。似此皆勤劳政事，巡行周历，不遑宁处。岂可谓之崇尚无为，清静自持乎。《易》遁卦六爻，未尝言及人主之事。可见人主原无宴息之地，可以退藏。鞠躬尽瘁，诚谓此也。

自古得天下之正，莫如我朝。太祖、太宗初无取天下之心。尝兵及京城，诸大臣咸云当取。太宗皇帝曰："明与我国，素非和好。今欲取之甚易。但念系中国之主，不忍取也。"后流贼李自成攻破京城，崇祯自缢。臣民相率来迎，乃剪灭闯寇，入承大统。稽查典礼，安葬崇祯。

昔汉高祖系泗上亭长。明太祖一皇觉寺僧。项羽起兵攻秦，而天下卒归于汉。元末陈友谅等蜂起，而天下卒归于明。我朝承席先烈，应天顺人，抚有区宇，以此见乱臣贼子，无非为真主驱除也。凡帝王自有天命，应享寿考者，不能使之不享有寿考；应享太平者，不能使之不享太平。朕自幼读书，于古今道理，粗能通晓。又年力盛时，能弯十五力弓，发十三把箭。用兵临戎之事，皆所优为。然平生未尝妄杀一人。平定三藩，扫清漠北，皆出一心运筹。户部帑金，非用师赈饥，未敢妄费。谓此皆小民脂膏故也。所有巡狩行宫，不施采绘。每岁所费，不过一二万金，较之河工岁费三百余万，尚不及百分之一。

昔梁武帝亦创业英雄，后至耆年，为侯景所逼，遂有台城之祸。隋文帝亦开创之主，不能预知其子炀帝之恶，卒致不克令终，皆由辨之不早也。

朕之子孙，百有余人。朕年已七十，诸王大臣官员军民，以及蒙古人等，无不爱惜朕年迈之人。今虽以寿终，朕亦愉悦。至太祖皇帝之子礼亲王，饶余王之子孙，见今俱各安全。朕身后，尔等若能协心保全，朕亦欣然安逝。雍亲王皇四子胤禛人品贵重，深肖朕躬，必能克承大统。着继朕登基，即皇帝位。即遵典制，持服二十七日释服。布告天下，咸使闻知。

＊　＊　＊

这份遗诏佚漏了《临终谕旨》的主要片段如下：

康熙公开他患头晕，渐觉消瘦。

康熙叙述"三代"及之前的历史记载，因秦始皇的焚书，"不可全信"；据此，信史实始于秦代，而自秦以降，在位最久者以康熙为首。

康熙坚持为君者必须勤劳政事，不宜崇尚清静无为。

康熙长篇大论他心神恍惚，导致多病虚惫，万机错乱，乃至于探究死亡的义蕴。

枚举传统中国历史上的各种变节与愚行，其皆与立储问题息息相关。

康熙坦承无讳他不信各种灵异祯符之说，对历代各朝将皇帝个人行止归诸于瑞应，不表苟同。

直言天下神器至重，难以释卸负荷，不若其他老臣（纵然康熙在陈述时尽可能镇静自持），难得退休保全之时。

最后，包括康熙提及他的白须、他的知足，以及但求朝臣尊重、接受他的《临终谕旨》。

我们从罗列的佚漏片段可以心领神会，这份遗诏的草拟者（我们不得而知，草拟者究竟系朝臣、康熙之子胤禛、满族顾命大臣，还是忠心耿耿的大学士），挖空心思想维护这个帝国形象的威仪。然《临终谕旨》中的康熙，心神忧瘁，疑云重重；他亦怀疑日后将他本人安奉于历史传统这种做法的价值及真诚。而这份遗诏，正好印证了康熙的质疑是理有所据——他只不过是个身影，他的陈腔滥调受人缅怀，但他的果敢、愤怒、真挚、痛苦，也无一例外地，一并被抹杀殆尽。

两百五十年后，身为历史学家的我，乐于将这份遗诏"贬谪"于附录，而让康熙透过他的原始草稿，述说自己。

参考书目

AHMAD, ZAHIRUDDIN. *Sino-Tibetan Relations in the Seventeenth Century.* Rome: Istituto Italiano per il Medio ed Estremo Oriente, 1970. (Also Index volume, comp. by Christiane Pedersen [Rome: I.I.M.E.O., 1971].)

BELL, JOHN. *A Journey from St. Petersburg to Pekin,* 1719-1722, ed. J. L. Stevenson. Edinburgh University Press, 1965.

BOSMANS, H. *"Ferdinand Verbiest, directeur de l'observatoire de Peking (1623-1688)."* Revue des Questions Scientifiques, LXXI (1912), 195-273 and 375-464.

BOUVET, JOACHIM. *Histoire de l'empereur de la Chine.* The Hague, 169; reprinted Tientsin, 1940.

BRETSCHNEIDER, EMILII VASIL'EVICH. *Botanicon Sinicum: Notes on Chinese Botany from Native and Western Sources. 3 vols., Journal of the North China Branch of the Royal Asiatic Society, new ser., XVI, XXV, XXIX.*

BRUNNERT, H. S., and V. V. HAGELSTROM. *Present Day Political Organization of China,* Eng. transl. by A. Beltchenko and E. E Moran. Shanghai, 1912.

CH'A SHEN-HSING查慎行(compiler Ch'en Ching-chang陈敬璋). *Ch'a T'a-shan nien-p'u*查他山年谱(Chronological Biography of Ch'a Shen-hsing), in *Chia-yeh t'ang ts'ung-shu*嘉业堂丛书, 1918.

CHANG CHUNG-LI. *The Chinese Gentry: Studies on Their Role in Nineteenth-Century China.* Seattle: University of Washington Press, 1955.

CHANG LU 张璐. *I-t'ung*医通, 16 chuan. Completed before 1705, printed in *Chang Shih i-shu*张氏医书(The Medical Works of Chang Lu), n.p., n.d. Preface by Chu I-tsun, dated 1790.

CHANG PO-HSING张伯行. *Chang Ch'ing-k'o kung nien-p'u*张清恪公年谱 (Chronological Biography of Chang Po-hsing), in *Cheng-i-t'ang chi*正谊堂集, 1739.

CHANG YING张英. *Nan-hsün hu-ts'ung chi-lüeh*南巡扈从纪略(Records from the Retinue on a Southern Tour), in *Chao-tai ts'ung-shu*昭代丛书, 5th ser., *chuan* 7.

CH'EN K'ANG-CH'I陈康祺. *Lang-ch'ien chi-wen, san pi*郎潜纪闻三笔 (Collected Essays). 1883 edn.

CH'IEN CH'EN-CH'ÜN钱陈群. *Ch'en Wen-tuan kung nien-p'u*钱文瑞公年谱

(Chronological Biography of Ch'ien Ch'en-ch'ün), in *Hsiang-shu-chai ch'üan-chi*香树斋全集, 1894 edn.

The Chinese Classics, transl. by James Legge. 5 vols. Taipei: Wen-hsing shu-tien reprint, n.d.

Ch'ing Administrative Terms: A Translation of the Terminology of the Six Boards with Explanatory Notes, transl. and ed. by Sun E-tu Zen. Cambridge: Harvard University Press, 1961.

*Ch'ing Huang-shih ssu-p'u*清皇室四谱(The Ch'ing Imperial Family: Emperors, Consorts, Princes, Princesses), ed. by T'ang pang-chih唐邦治. Taiwan: Wen-hai Ch'u-pan'she, Chin-tai Chung-kuo shih-liao ts'ung-k'an, no.71 (1966).

*Ch'ing lieh-ch'ao hou-fei chuan kao*清列朝后纪传稿 (Draft Biographies of Ch'ing Dynasty Empresses and Consorts), comp. by Chang Ts'ai-t'ien张采田. 2 chuan. 1929.

*Ch'ing-shih*清史(History of the Ch'ing Dynasty). 8 vols. Taipei: Kuo-fang yen-chiu yüan, 1961.

*Ch'ing-shih lieh-chuan*清史列传(Ch'ing Dynasty Biographies). 10 vols. Taipei: Chung-hua shu-chü reprint, 1962.

*Ch'ing-tai i-t'ung ti-t'u*清代一统地图(China's National Atlas of the Ch'ing Dynasty; 1st edn., 1760). Taipei: Kuo-fang yen-chiu yüan reprint, 1966.

*Chung-kuo i-hsüeh ta-tzu-tien*中国医学大辞典(Dictionary of Chinese Medicine), ed. by Hsieh Kuan谢观. 4 vols. Shanghai: Shang-wu yin-shu-kuan, 1955.

*Chu-san T'ai-tzu an*朱三太子案(The Case of the Ming Prince Chu-san [lin 17080], in *Shih-liao hsün-k'an*史料旬刊(Collected Historical Documents), pp.20-2. Taipei: Kuo-feng ch'u-pan-she, 1963.

DEHERGNE, J. "*Fauconnerie, plaisir du roi*" (transl. by Louis Buglio). *Bulletin de l'Université l'Aurore* (Shanghai), 3rd ser., vol. VII, no. 3 (1946), pp. 522-56.

A Documentary Chronicle of Sino-Western Relations (1644-1820), comp. and transl. by Fu Lo-shu. 2 vols. A.A.S. Monographs and Papers, no. 22. Tucson: University of Arizona Press, 1966.

DU HALDE, JEAN BAPTISTE. *The General History of China*, transl. by R. Brookes. 4 vols. London, 1741.

*Eminent Chinese of the Ch'ing Period*清代名人传略, ed. by Arthur W. Hummel. 2 vols. Washington, D.C.: U.S. Government Printing Office, 1943-44.

FANG CHAO-YING房兆楹and Tu LIEN-CHE杜联喆.*Tseng-chiao Ch'ing-ch'ao chin-shin t'i-ming pei-lu*增校清朝进士题名碑录(Listing, Supplement, and Index of Ch'ing Dynasty *chin-shih* Holders). Harvard-Yenching Institute

Sinological Index ser., Supplement no.19. Taipei: Ch'eng-wen reprint, 1966.

FANG PAO方苞. *Wang-hsi hsien-sheng nien-p'u*望溪先生年谱(Chronological Biography of Fang Pao), in *Fang Wang-shi ch'üan-chi*方望溪全集, Ssu-pu ts'ung-k'an四部丛刊 edn.

FENG P'U冯溥. *I-chai Feng kung nien-p'u*易斋冯公年谱 (Chronological Biography of Feng P'u), comp. by Mao Ch'i-ling毛奇龄, in *Hsi-ho ho-chi*西河合集, 1720 edn.

FLETCHER, JOSEPH. "V. A. Aleksandrov on Russo-Ch'ing Relations in the Seventeenth Century: Critique and Résumé." *Kritika*, VII (spring 1971), 138-70.

Flettinger MS. Notes written in Peking, 1688. Serial K.A. 1329, fols. 2319v-2324. The Hague: Dutch East India Company Archives.

FUCHS, WALTER. *Der Jesuiten-Atlas der Kanghsi-Zeit.* Peking: Fu-jen University, 1943.

Gherardini MS. Manuscript letters from G. Gherardini, dated Peking, November 1701, to his brother in Parma and friends in Paris and Nevers. London: PRO, catalogued under SP9/239.

GOODRICH, LUTHER CARRINGTON. *The Literary Inquisition of Ch'ien-lung.* New York: Paragon Book reprint, 1966.

GOTŌ SUEŌ后藤末雄. *Koki-tei den*康熙帝传A Biography of the K'ang-hsi Emperor), transl. from Joachim Bouvet, *Portrait historique de l'empereur de la Chine*, 1697. Tokyo, 1941.

GROOT, J.J. M. DE. *The Religious System of China.* 6 vols. Taipei: Ch'eng-wen reprint, 1969.

GROOT, J.J. M. DE. *Sectarianism and Religious Persecution in China: A Page in the History of Religions.* 2 vols. in 1. Taipei: Literature House reprint, 1963.

HAN T'AN韩菼, *Yu-huai-t'ang wen-kao*有怀堂文稿(Draft Collected Essays of Han T'an). N.p., 1703.

HARLEZ, CHARLES DE. "*La Religion nationale des Tartares orientaux: Mandchous et Mongols, comparé à la religion des anciens chinois...*" in *Mémoires Couronnés et Autres Mémoires*, XL (1887). Brussels: Royal Academy of Sciences, Letters and Fine Arts.

HASHIMOTO KEIZO桥本敬造 "*Baibuntei no rekisangaku-Koki nenkan no tenmon rekisangaku* 梅文鼎の历算学—康熙年间の天文历算学(Mei Wen-ting, an Astronomer in the K'ang-hsi Period), in *Tōhō Gakuhō*东方学报,XLI (March 1970), 491-518.

HIBBERT, ELOISE TALCOTT. *K'ang Hsi, Emperor of China.* London: Paul, Trench, Trubner & Co., 1940.

HO PING-TI. *The Ladder of Success in Imperial China: Aspects of Social Mobility, 1368-1911.* New York: Columbia University Press, 1962.

HO PING-TI. *Studies on the Population of China, 1368-1953.* Cambridge: Harvard University Press, 1959.

HSÜ PING-I徐秉义. *Kung-yin ta-chia chi*恭迎大驾纪(Greeting the Emperor's Retinue), in *Chao-tai ts'ung-shu*昭代丛书, 2nd ser., *chuan* 16.

HUANG TSUNG-HSI黄宗羲. *Huang Li-chou hsien-sheng nien-p'u*黄梨洲先生年谱(Chronological Biography of Huang Tsung-hsi), in *Huang Li-chou i-shu*黄梨洲遗书, 1873 edn.

(Ch'in-ting Ta-Ch'ing) Hui-tien shih-li（钦定大清）会典事例(Imperial Ch'ing Statutes and Precedents; 1899 edn.). 19 vols. Taipei: Ch'i-wen ch'u-pan-she reprint, 1963.

I Ching, or *Book of Changes,* Richard Wilhelm transl. rendered into English by Cary F. Baynes. Bollingen ser. XIX. Princeton University press, 1967.

KANDA NOBUŌ 神田信夫. "Heiseiō Go Sankei no kenkyū"平西王吴三桂 AKU" 梅研究(A Study on Wu San-kuei, P'ing Hsi Wang), in *Meiji Daigaku Bungakubu Kenkyu hokoku: Toyoshi*明治大学文学部研究报告东洋史Tokyo: Meiji University, 1952.

*K'ang-hsi yü Lo-ma shih-chieh kuan-hsi wen-shu ying-yin pen*康熙与罗马使节关系文书影印本(Facsimile of the Documents Relating to K'ang-hsi and the Legates from Rome), ed. by Ch'en Yuan陈垣.Peiping: Ku-kung po-wu yüan, 1932. (Transcriptions of these documents are also in *Wen-hsien ts'ung-pien*[Taipei: Kuo-feng ch'u-pan-she reprint, 1964], pp. 168-75.

KAO SHIH-GH'I高士奇. *Hu-ts'ung tung-hsün jih-lu*扈从东巡日录(Daly Record of Traveling in the Retinue on the Western Tour [of 1683]), in *Hsiao-fang-hu chai yü-ti ts'ung-ch'ao*小方壶斋舆地丛抄, 1st ser., *ts'e* 4, pp. 265-68.

KAO SHIH-CH'I高士奇. *Hu-ts'ung hsi-hsün jih-lu*扈从西巡日录(Daly Record of Traveling in the Retinue on the Eestern Tour [of 1682]), in *Hsiao-fang-hu chai yü-ti ts'ung-ch'ao*小方壶斋舆地丛抄 , 1st ser., *ts'e* 4, pp. 253-62 and supplement pp. 263-4.

KAO SHIH-CH'I高士奇. *P'eng-shan mi-chi*篷山密记(An Account of Meetings with K'ang-hsi in 1703), in *Ku-hsüeh hui-k'an*古学汇刊, ed. by Teng Shih邓实. 1st ser., no. 12. Shanghai: Kuo-sui hsüeh-pao she , 1912.

KAO SHIH-CH'I高士奇 . *Sai-pei hsiao-ch'ao*塞北小钞(Brief Record of the Northern Tour [of 1683]), in *Chao-tai ts'ung-shu*昭代丛书, Tao-kuang edn., 3rd ser, *chuan* 12, pp. 1-19.

KAO SHIH-CH'I高士奇. *Sung-t'ing hsing-chi*松亭行纪(A Record of Tour [of

参考书目 / 187

1681]), in *Chao-tai ts'ung-shu* 昭代丛书 Tao-kuang edn., 3rd ser, *chuan* 10, pp. 1-33.

KESSLER, LAWRENCE D. "The Apprenticeship of the K'ang-hsi Emperor, 1661-1684." History Ph. D., University of Chicago, 1969. A part of this study appears in the same author's "Chinese Scholars and the Early Manchu State," *Harvard Journal of Asiatic Studies*, XXXI (1971), 179-200.

(KHTYC)K'ang-hsi ti yü-chin wen-chi 康熙帝御制文集 The Literary Works of the K'ang-hsi Emperor). 4 vols., with continuous pagination. Taiwan: Hsüeh-sheng shu-chü reprint, 1966.

(KKWH)Ku-kung wen-hsien 故宫文献 (Ch'ing Documents at the National Palace Museum). National Palace Museum, Taiwan; the sequence from vol. 1, no. 1, December 1969. Vol. 3, no. 1, December 1971, contains photo-offset reproductions of the palace memorials in the K'ang-hsi reign.

KU SSU-LI 顾嗣立. *Ku Lü-yu tzu-ting nien-p'u* 顾闾邱自订年谱 (Chronological Biography of Ku Ssu-li), in *Ping-tzu ts'ung-pien* 丙子丛编, 1936 end.

K'UNG SHANG-JEN 孔尚任. *Ch'u-shan i-shu chi* 出山共数记 (Memoir Concerning K'ang-hsi's 1684 Tour to Confucius' Former Home), in *Chao-tai ts'ung-shu* 昭代丛书, 2nd ser., *chuan* 18.

Kuo-ch'ao ch'i-hsien lei-cheng ch'u-pien 国朝耆献类征初编 (Biographies of Eminent Men in the Ch'ing Dynasty). 25 vols. Taipei: Wen-hai ch'u-pan she reprint, 1966.

KUO HSIU 郭琇. *Hua-yeh kuo-kung nien-p'u* 华野郭公年谱 (Chronological Biography of Kuo Hsiu), in *Kuo Hua-yeh shu-kao* 郭华野疏稿, 1895 edn.

Letters édifiantes et curieuses, écrites des missions étrangères. Nouvelle édition. Paris, 1781.

LI KUANG-TI 李光地. *Li Wen-chen kung nien-p'u* 李文贞公年谱 (Chronological Biography of Li Kung-ti), in *Jung-ts'un ch'üan-shu* 榕村全书, 1829 edn.

LIU TA-NIEN 刘大年. *Lun K'ang-hsi* 论康熙 *Emperor K'ang-hsi, the Great Feudal Ruler Who United China and Defended Her Against European Penetration*, in *Li-shih yen-chiu* 历史研究, III (1961), 5-21.

LU LUNG-CHI 陆陇其. *Lu Shih-yü nien-p'u* 陆待御年谱 (Chronological Biography of Lu Lung-chi). Ch'ien-Jung edn.

MALONE, CARROLL BROWN. *History of the Peking Summer Palaces Under the Ch'ing Dynasty*. New York: Paragon Book reprint, 1966.

MANCALL, MARK. *Russian and China: Their Diplomatic Relations to 1728*. Cambridge: Harvard University Press, 1971.

MANO SENRYŪ间野潜龙. *Koki-tei*康熙帝(Emperor K'ang-hsi). Tokyo, 1967.

MAO CH'I-LING 毛奇龄. *Mo Hsi-ho hsien-sheng chuan* 毛西河先生传 (Chronological Biography of Mao Ch'i-ling), in *Hsi-ho ho-chi*西河合集, 1720 edn.

MAO, LUCIEN. "Tai Ming-shih." *T'ien Hsia Monthly*, V, 382-99.

MEI WEN-TING梅文鼎. *Li-hsüeh i-wen*历学疑问(Problems in Astronomy), in *Mei-shih ts'ung-shu chi-yao*梅氏丛书辑要. 8 vols. Taipei: I-wen yin-shu kuan reprint, 1971. Chuan 46-8.

NAGAYA YOSHIRŌ 长与善郎. *Taitei Koki*大帝康熙(K'ang-hsi the Great), in *Shina tōchi no yōdō*支那统治の要道. Tokyo: Iwanami Shoten, 1938.

NEEDHAM, JOSEPH. *Science and Civilization in China*. Cambridge: Cambridge University Press, 1954-

*Nien Keng-yao che*年羹尧折(The Palace Memorials of Nien Keng-yao), in *Chang-ku ts'ung-pien* 掌故丛编 pp. 186-225. Taipei: Kuo-feng ch'u-pan she reprint, 1964.

NISHIMOTO HAKUSEN西本白川. *Koki taitei* 康熙大帝(K'ang-hsi the Great). Tokyo: Daitō Shupansha, 1925.

NIU HSIU钮琇. *Ku-shen hsü-pien*觚剩续编(Collected Historical Materials), in *Pi-chi Hsiao-shuo ta kuan hsü-pien*笔记小说大观续编. Taipei, 1962 reprint. Vol. 25, p. 6437.

NORMAN, JERRY. *A Manchu-English Dictionary*. Draft publication. Taipei, 1967.

ŌNO KATSUTOSHI小野胜年. *Koki Roku Jun Banju Seiten nit tsuite*康熙六旬万寿盛典について(On the Imperial Collection on K'ang-hsi's Sixtieth Birthday), in *Tamura Hakushi Shōju Tōyō shi ronsō*田村博士颂寿东洋史论丛(Collected Essays on Asian History in Honor of Professor Tamura). Kyoto, 1968.

D'ORLÉANS, PIERRE JOSEPH. *History of the Two Tartar Conquerors of China*, transl. by the Earl of Ellesmere. Hakluyt Society, 1st ser. XVII(1854). New York: Burt Franklin reprint, n.d.

OXNAM, ROBERT B. "Policies and Institutions of the Oboi Regency, 1661-1669." *Journal of Asian Studies*, XXXII(1973), 265-86.

Pa-ch'I t'ung-chih (ch'u-chi) 八旗通志（初集） (The History of the Eight Banners; edn. of 1739). 40 vols. Taipei: Hsüeh-sheng shu-chü reprint, 1968.

P'ENG TING-CH'IU彭定求. *Nan-yün lao-jen tzu-ting nien-p'u*南畇老人自订年谱(Autobiography of P'eng Ting-ch'iu), in *Nan-yun wenkao*南畇文稿, 1880 edn.

PFISTER, LOUIS, S.J. *Notices biographiques et bibliographiques sur les Jésuites de l'ancienne mission de Chine*. 2 vols. Shanghai, 1932 and 1934, Variétés Sinologiques, nos. 59 and 60.

ROSSO, ANTONIO SISTO, O.F.M. *Apostolic Legations to China of the Eighteenth Century*. South Pasadena, Cal.:P.D. and Ione Perkins, 1948.

ROULEAU, FRANCIS A., S.J. "Maillard de Tournon, Papal Legate at the Court of Peking: The First Imperial Audience (31 December, 1705)." *Archivum Historicum Societatis Iesu*, LXII (1962), 264-323.

SAEKI TOMI佐伯富. *Shindai no jiei ni tsuite: Kunshu dokusaiken kenkyu no ichi shaku*清代の侍卫について :君主独裁权研究の一 (On the Ch'ing Guards Officers: An Aspect of the Study of Despotic Power), in *Tōyōshi kenkyu*东洋史研究, 27:2 (1968), 38-58.

SCHAFER, EDWARD H. "Falconry in T'ang Times." *T'oung Pao*, 2nd ser., XLVI (1959), 293-338.

SHANG YEN-LIU商衍鎏. *Ch'ing-tai k'o-chü k'ao-shih shu-lu*清代科举考试述录(A Study of the Ch'ing Examination System). Peking, 1958.

*Sheng-tsu ch'in-cheng shuo-mo jih-lu*圣祖亲征朔漠日录(Daily Record of K'ang-hsi's Personal Campaign in the Northern Deserts), transcr. by Lo Chen-yü罗振玉, in *Shih-liao ts'ung-pien*史料丛编. Mukden, 1933.

*Shen-tsu hsi-hsün jih-lu*圣祖西巡日录 (Daily Record of K'ang-hsi's Western Tour), transcr. by Lo Chen-yu罗振玉, in *Shih-liao ts'ung-pien*史料丛编. Mukden, 1933.

*Sheng-tsu Jen Huang-ti Ch'i-chü chu*圣祖仁皇帝起居注(The Official Diary of K'ang-hsi's Activities, 12th Year of His Reign, months 1, 5-6, 10-12), in *Shih-liao ts'ung k'an*史料丛刊, pp. 335-578. Taipei: Wen-hai ch'u-pan-she reprint, with continuous pagination, 1964.

*Sheng-tsu wu-hsing Chiang-nan ch'üan-lu*圣祖五幸江南全录(A Complete Record of K'ang-hsi's Fifth Southern Tour [in 1705]), Anon., in *Chen-ch'i t'ang ts'ung-shu*振绮堂丛书, 1st ser.

*(SL)Ta-Ch'ing Sheng-tsu Jen Huang-ti shih-lu*大清圣祖仁皇帝实录(The Veritable Records of the K'ang-hsi Reign). 6 vols. Taipei: Hua-wen shu-chü reprint, 1964.

SPENCE, JONATHAN. *Ts'ao Yin and the K'ang-hsi Emperor, Bondservant and Master*. New Haven and London: Yale University Press, 1966.

SPENCE, JONATHAN. *To Change China: Western Advisers in China, 1620 to 1960*. Boston: Little, Brown, 1969.

SUN E-TU ZEN. "Mining Labor in the Ch'ing Period." *Approaches to Modern*

Chinese History, ed. by Albert Feuerwerker, Rhoads Murphey, and Mary Wright. Berkeley and Los Angeles: University of California Press, 1967. Pp. 45-67.

Ta Tsing Leu Lee; Being the Fundamental Laws, and a Selection from the Supplementary Statutes, of the Penal Code of China ..., transl. by Sir George Thomas Staunton. Taipei: Ch'eng-wen reprint, 1966.

TAGAWA DAIKICHIRŌ 田川大吉郎 *Seiso Koki tei*圣祖康熙帝(Sheng-tsu, the K'ang-hsi Emperor). Tokyo: Kyobunkan, 1944.

TAI MING-SHIH戴名世. *Nan-shan chi*南山集(Collection of Prose Writings). 2 vols. Taipei: Hua-wen shu-chü reprint, 1970.

*(THKY)T'ing-hsün ko-yen*庭训格言(K'ang-hsi's Conversations with His Sons). N.d. Preface by Yung-cheng, 1730.

TI I狄亿. *Ch'ang-ch'un yüan yü-shih kung-chi*畅春苑御试恭纪 (On Taking a Special Examination in the Ch'ang-ch'un Palace), in *Chao-tai ts'ung-shu*昭代丛书, 2nd ser., *chuan* 17.

T'IEN WEN田雯. *Meng-chai tzu-ting nien-p'u*蒙斋自订年谱(Chronological Biography of T'ien Wen), in *Ku-huan-t'ang chi*古欢堂集, n.d.

TSAO KAI-FU. "The Rebellion of the Three Feudatories Against the Manchu Throne in China, 1673-1681: Its Setting and Significance." History Ph.D., Columbia University, 1965.

*Tung Wen-chi*董文骥. *En-tz'u yü-shu ch*恩赐御书纪(In Memory of the Emperor's Gift), in *Chao-tai ts'ung-shu*昭代丛书, 2nd ser., *chuan* 15.

VEITH, ILZA, *Huang ti nei ching su wen*皇帝内经素问(The Yellow Emperor's Classic of Internal Medicine). Berkeley and Los Angeles: University of California Press, 1966.

WALLNÖFER, HEINRICH, and ANNA VON ROTTAUSCHER. *Chinese Folk Medicine*, transl. by Marion Palmedo. New York: Crown Publishers, 1965.

WANG CHIH王隲. *Wang Ta-ssu-nung nien-p'u*王大司农年谱(Chronological Biography of Wang Chih), in *I-p'u chuan chia-chi*义圃传家集, K'ang-hsi edn.

WANG HAO汪灏. *Sui-luan chi-en*随銮纪恩(Memoir on Favors Conferred in the Imperial Retinue), in *Hsiao-fang-hu chai yü-ti ts'ung-ch'ao*小方壶斋舆地丛钞, 1st ser., *ts'e* 4, pp. 286-99.

WANG HSIAO-CH'UAN王晓传. *Yüan Ming Ch'ing san-tai chin-hui Hsiao-shuo hsi-ch'ü shih-liao*元明清三代禁毁小说戏曲史料(Historical Materials on the Banning of Fiction and Drama During the Yuan, Ming, and Ch'ing Dynasties). Peking: Tso-chia ch'u-pan she, 1958.

WANG YEH-CHIEN. "The Fiscal Importance of the Land Tax During the Ch'ing Period." *Journal of Asian Studies*, IV (August 1971), 829-42.

WEI HSIANG-SHU魏象枢. *Wei Min-kuo kung nien-p'u* 魏敏果公年谱 (Chronological Biography of Wei Hsiang-shu), in *Han-sung chi*寒松集, 1810 edn.

WENG SHU-YÜAN翁叔元. *Weng T'ieh-an tzu-ting nien-p'u*翁铁庵自订年谱 (Chronological Biography of Weng Shu-yüan). K'ang-hsi edn.

*Wen-hsien ts'ung-pien*文献丛编(Collected Historical Documents). 2vols. Taipei: Kuo-feng ch'u-pan-she reprint, 1964.

WERNER, E. T. C. *A Dictionary of Chinese Mythology*. Shanghai, 1932; New York: The Julian Press reprint, 1961.

WILLS, JOHN E., JR. "Ch'ing Relations with the Dutch, 1662-1690." Ph.D., Harvard University, 1967.

WONG, K. CHIMIN, and WU LIEN-TEH. *History of Chinese Medicine*. Tientsin: The Tientsin Press, 1932.

WU, SILAS H. L. *Communication and Imperial Control in China: Evolution of the Palace Memorial System, 1693-1735*. Cambridge: Harvard University Press, 1970.

WU, SILAS H. L. "Emperors at Work: The Daily Schedules of the K'ang-hsi and Yung-cheng Emperors, 1661-1735." *Tsing Hua Journal of Chinese Studies*, new ser., vol. VIII, nos. 1 and 2 (August 1970), pp. 210-27.

WU, SILAS H. L. "The Memorial Systems of the Ch'ing Dynasty (1644-1911)." *Harvard Journal of Asiatic Studies*, XXVII (1967), 7-75.

WU, SILAS H. L. "A Note on the Proper Use of Documents for Historical Studies: A Rejoinder." *Harvard Journal of Asiatic Studies*, XXXII (1972), 230-9.

*(YC) Ch'ing Sheng-tsu yü-chih*清圣祖论旨(Edicts of K'ang-hsi), in *Chang-ku ts'ung-pien*掌故丛编. Taipei: Kuo-feng ch'u-pan she reprint, 1964. Pp. 35-45. This reprint gives the original Chinese pagination of each document reproduced; to make it easier to find specific passages, I cite passages according to this original pagination.

YÜAN LIANG-I 袁良义 "Lun K'ang-hsi ti li-shih ti-wei" 论康熙的历史地位(A Discussion of K'ang-hsi's Position in History), in *Pei-ching-shih li-shih hsüeh-hui*北京市历史学会. Peking Historical Society, I and II (1961 and 1962), 232-57.

译后记

　　史景迁的作品向来独步西方中国历史研究学界，且能赢得非史学界读者的青睐，近来甚至在海峡彼岸引燃一片"史景迁热"的阅读风潮，这全有赖史景迁的生花妙笔，奇绝的布局结构，以蒙太奇般的叙事手法，拼贴出真实与虚幻交错的历史情境。《康熙》正是史景迁个人建立独特写作风格的滥觞之作。

　　在这本书里，史景迁打破习以为常的线性时间意识，而悠游于故纸堆之间，尝试透过康熙本人之口，述说康熙内心世界的种种欢愉、悚惧、猜疑、懊悔、无奈，乃至于追忆、梦境，俾以深入揣摩康熙的人格特质、心智意念。

　　史景迁的斐然文采固然令人叹为观止，但读者不免质疑，这究竟是历史论著，还是文学小说？史景迁笔下的康熙，究竟是中国历史上的那位伟大君王，抑或只是历史学家操纵下的傀儡？诚如同行学者康无为（Harold Kahn）对史景迁的评述："史景迁在为康熙皇帝写自传时，取材于私人数据，以及经过彻头彻尾改写的官方记录。他所要呈现的是一个没有经过'排演'的君上，不过他的材料却是经过不断的'排演',这中间难道不存在无法解决的矛盾吗?"

正如"序言"中所论及,并非所有的记忆都会受到同等的对待,记忆与遗忘其实是同一过程的不同侧面。这或许是历史书写的必然宿命。然近来人文科学的"文化转向"(cultural turn)趋势,也让人领会知识的实践性,而必须扬弃柏拉图的"洞穴隐喻",因为透过记忆来寻找真实知识的企图必然落空。记忆虽然是来自过往的知识,但记忆不必然仅止是有关过去的知识。历史因当下而获得生命力。正因为处于众声喧哗的年代,康熙的历史定位才能生生不息,而《康熙》这本书才得以历久弥新。

为了突显史景迁别出机杼的创作旨趣,让康熙口述自己的传记,译者不得不谨守原典史料,参酌朝廷奏折、各家年谱,甚至模拟帝王的习惯用语,采用文言文的形式来翻译本书。然史景迁信手拈来,中、外史籍如数家珍,数据细琐,还原为带有帝王语气的中文诚属艰难。囿于个人史识、能力有限,讹误在所难免,期请读者不吝指教。